#탄단지밸런스를_돌돌말아_한입에_쏙
#속재료부터_쌈재료까지_건강하게
#영양밸런스_최적의_조합
#하루한끼_밸런스건강롤
#집밥과도시락_고민끝

맛있는 요리를 만드는 레시피가 있는 것처럼 웃음, 힐링, 성장을 만드는 레시피도 있을까요?
레시피팩토리는 모호함으로 가득한 이 세상에서 당신의 작은 행복을 위한 간결한 레시피가 되겠습니다.

매일 만들어 먹고 싶은

탄단치
밸런스
건강롤

PROLOGUE

탄단지 밸런스를
돌돌 말아
한입에 쏙
즐겨보세요!

다시 만나게 되어 반갑습니다

독자님들, 잘 지내셨나요? 2024년 봄날 <매일 만들어 먹고 싶은 탄단지 밸런스 건강볼>로 독자님들께 인사드리고 벌써 1년이 흘렀습니다. 십여 년 전부터 레시피팩토리의 건강 요리잡지 <더 라이트>와 건강 요리책으로 독자님들을 만나왔지만, 오랜만에 책으로 다시 찾아뵙게 되어 설렘 반 걱정 반으로 책 출간을 기다리던 그때가 아직 생생히 기억나요. 걱정이 무색하게 독자님들께서 1탄 <탄단지 밸런스 건강볼>에 관심과 사랑을 주셨고, 특히 #오볼완(오늘도 건강볼 완료) 챌린지를 독자님들과 함께하며 생생하게 소통하던 시간이 소중한 추억으로 남아 있습니다. 그 후에도 꾸준한 성원을 보내주신 덕분에 올봄에도 이렇게 독자님들을 다시 만날 수 있게 되었습니다.

건강한 에너지를 채우는 균형 잡힌 한 끼

저는 여전히 집에서 직접 요리하는 식사를 일상의 중심으로 두고 있습니다. 집밥의 가장 큰 장점은 재료를 직접 선택하고, 내 몸에 맞는 방식으로 조리할 수 있다는 점이 아닐까요? 무엇보다 특정 영양소에 치우쳐 폭식하지 않고 탄수화물, 단백질, 지방 균형이 잡힌 식사를 할 수 있도록 도와줍니다. 덕분에 하루 한 끼는 채소를 충분히 섭취하고, 간결하면서도 균형 잡힌 식사를 이어오고 있어요. 남들만큼 운동에 부지런하지는 못해도 꾸준히 지속해온 습관이 바로 탄단지 밸런스를 맞춘 식사인 것이죠. 그것이 늘 제게 작은 위안이자 성취감을 줍니다.

탄단지 밸런스 건강롤, 이제 밸런스를 말아볼까요?

지속 가능하고 건강한 라이프스타일에 늘 관심이 많은 저는 어떻게 하면 간단하면서도 맛있게 영양소를 채울 수 있을지 고민합니다. 그러다 '건강롤'이라는 아이템을 떠올렸어요. 1탄으로 다뤘던 '건강볼'만큼이나 다양한 조합과 모양으로 영양 밸런스를 맞출 수 있는 메뉴이기 때문이에요. 간단하면서도 영양이 있는 한 끼를 먹고 싶을 때 누구나 손쉽게 영양 밸런스를 챙겨 만들 수 있도록 탄단지 밸런스 건강롤을 개발했습니다. 돌돌 말아 완성하는 건강롤은 롤 안에 영양소를 듬뿍 담으면서도 바쁜 일상 속에서 손쉽게 한 입에 쏙쏙 즐길 수 있어 더욱 좋아요.

속재료부터 쌈재료까지 버릴 것 하나 없이 건강하게

이번 책 역시 제가 즐겨 먹는 건강롤부터 인기 맛집, SNS 메뉴까지 분석해 다채롭게 다루었습니다. 김밥롤, 또띠아롤, 라이스페이퍼롤, 유부 & 두부롤 네 챕터로 나누어 간단한 일상식으로도, 건강 도시락으로도 즐길 수 있도록 구성했어요. 최소한의 현미밥 (또는 잡곡밥)을 사용해 혈당 부담 없이 즐기는 저탄수 김밥롤, 단백질과 식이섬유를 두둑이 채운 통밀 또띠아롤, 쫄깃한 매력 그대로 기능성을 살린 현미 라이스페이퍼롤, 식물성 단백질인 콩을 베이스로 한 유부 & 두부롤까지 맛과 영양 밸런스 모두 잡을 수 있도록 속재료와 쌈재료 둘 다 건강하게 신경 썼답니다.

롤은 말기 어렵고 재료 준비가 오래 걸린다는 인식이 있지만, 탄단지 밸런스 건강롤에서는
재료들의 가짓수를 최소한으로 사용해 좀 더 간편하게 만들 수 있도록 메뉴들을 기획했어요.
롤을 기본으로 다루었지만 시간이 없거나 다채롭게 응용하고 싶을 때 활용할 수 있는
플러스 레시피도 함께 소개하니 각자의 상황이나 기호에 맞게 활용하세요. 이 책은
소셜미디어에서 보는 완벽한 비주얼의 롤을 소개하는 책은 아닙니다. 익숙한 재료를 사용해
신선한 조합을 제시했으니 누구나 간편하고 손쉽게 영양 밸런스를 돌돌 말아 즐길 수 있기를,
그렇게 한 끼 한 끼 모여 독자님들의 건강한 라이프스타일을 위한 작은 습관으로
탄단지 밸런스 건강롤이 자리 잡기를 바라봅니다.

봄의 초입에 원고를 마무리 중입니다. 응원을 아끼지 않고 도와준 가족과 친구 그리고 스텝분들,
앞으로 이 책을 만나게 될 모든 분들께 감사의 말씀을 전합니다.

2025년 4월 배정은

CONTENTS

04 **PROLOGUE**
    탄단지 밸런스를 돌돌 말아 한입에 쏙 즐겨보세요!

10 **BASIC GUIDE**
    12 탄단지 밸런스 건강롤이란?
    14 탄단지 밸런스 건강롤, 이런 점이 좋아요!
    16 탄단지 밸런스 건강롤 4가지
    18 4가지 건강롤, 이렇게 구성했어요!
    26 탄단지 밸런스와 맛을 위한 재료들
    30 미리 만들어 두는 재료들

213 **INDEX** 재료별

저탄수 김밥 롤

34 당근 김밥롤
36 팽이버섯 달걀전 김밥롤
38 버섯 통들깨 김밥롤
40 치킨마요 김밥롤
42 LA 김밥롤
44 토마토 바질 닭가슴살 김밥롤
46 올리브 소시지 김밥롤
48 오이고추 훈제오리 김밥롤
50 미나리 갈비 김밥롤
52 양배추겉절이 대패 김밥롤
54 아삭 콩나물 쇠고기 김밥롤
56 페퍼 불고기 콘치즈 김밥롤
58 쇠고기 비트 김밥롤
60 카레새우 꼬다리 김밥롤
61 달걀말이 멸추 견과 김밥롤
66 브로콜리 참치 김밥롤
68 참치쌈장 통오이 김밥롤
72 셀러리잎 게맛살 샐러드 김밥롤
74 연어 아보카도 후토마키롤
76 앤초비 바질 김밥롤
78 두부면 샐러드 김밥롤
80 매콤 두부면 키토 김밥롤
82 오이 메밀면 김밥롤
84 양배추 오트밀 김밥롤
86 플러스 레시피

통밀 또띠아 롤

92   으깬 당근과 단호박 또띠아롤
94   굿모닝 또띠아롤
96   양배추 라페 또띠아롤
98   닭가슴살 코울슬로 또띠아롤
100 고구마 불닭 또띠아롤
102 올리브 치킨 또띠아롤
104 치킨 핫도그 또띠아롤
106 리코타 샐러드 또띠아롤
107 수블라키 또띠아롤
112 땅콩버터 사과 또띠아롤
114 오코노미야키 또띠아롤
115 두부 김치 또띠아롤
120 오이 듬뿍 쌈장 제육 또띠아롤
121 멜팅 치즈 패티 또띠아롤
126 쇠고기 타코 또띠아롤
127 쇠고기 가지 피자 또띠아롤
132 시저 새우 또띠아롤
134 칠리 참치 또띠아롤
136 참치 샐러드 또띠아롤
138 쪽파 연어 또띠아롤
140 플러스 레시피

현미 라이스페이퍼 롤

146 구운 두부 라이스페이퍼롤
148 두부 소보로 양배추 라이스페이퍼롤
150 대왕 월남쌈롤
152 하얀 닭갈비 라이스페이퍼롤
154 훈제오리 콩나물 냉채 라이스페이퍼롤
156 베트남풍 반미 라이스페이퍼롤
158 돼지불고기 쑥갓 양배추쌈 라이스페이퍼롤
160 간단 샤부찜 라이스페이퍼롤
162 새우 토마토 샐러드 라이스페이퍼롤
164 참치 볶음김치와 깻잎 달걀 라이스페이퍼롤
166 매콤 게맛살 오이 라이스페이퍼롤
168 두부면 김말이 라이스페이퍼롤
169 유린기 라이스페이퍼롤
174 브로콜리 고로케 라이스페이퍼롤
176 애호박 새우 만두 라이스페이퍼롤
178 플러스 레시피

유부 & 두부 롤

184 채소 듬뿍 꼬다리 유부롤
186 오이 달걀 유부롤
188 닭가슴살 양배추 유부롤
190 미나리 유부롤
192 불참치 유부롤
194 메밀 연어 유부롤
196 명란 감자 포두부롤
198 방방지 포두부롤
200 부추잡채 포두부롤
201 양배추 스키야키 포두부롤
206 시금치 포두부롤 라자냐
210 플러스 레시피

레시피를 따라 하기 전에 꼭 읽어보세요

이 책에는 탄단지 밸런스 건강롤 70가지 레시피가 소개되어 있습니다.
레시피를 따라 하기 전에 레시피의 구성 요소들을 확인하고 똑똑하게 활용해보세요.

4 **과정의 흐름을 볼 수 있는 과정 사진**
요리할 때 실수하기 쉬운 포인트를 짚어주고,
요리 상태를 확인할 수 있도록 큼직한
과정 사진들로 자세히 보여 드립니다.

5 **새롭고 다양한 활용법과 응용법**
재료를 대체하는 방법이나 더 쉬운 조리법,
다른 재료를 곁들이는 법 등 다양한 활용과
응용법을 알려드려요.

1 **담음새나 완성량을 알 수 있는 완성 사진 & 메뉴 설명**
롤을 어떻게 썰고 담아야 예쁜지 한눈에 볼 수 있도록 연출해 촬영했습니다.
플레이팅팁도 함께 소개하니 참고해 따라해 보세요.

2 **정확한 탄.단.지 밸런스 그래프와 열량**
롤 하나에 들어있는 탄수화물, 단백질, 지방의 비율을 정확히 표기하고
모두 섭취했을 시 칼로리를 소개합니다.

3 **메뉴의 특성을 한눈에 확인할 수 있는 아이콘**
각 레시피의 들어간 재료와 영양 성분에 따라 메뉴의 특성을 바로 알 수 있는
아이콘을 넣었습니다. 메뉴를 고를 때 확인 후 따라해 보세요.

NO 불조리 불조리가 없는 메뉴
초간단 재료가 많지 않거나 조리가 간단한 메뉴
냉동 넉넉히 만들어 냉동 보관이 가능한 메뉴
트렌디메뉴 SNS 또는 맛집 인기 메뉴를 재해석한 메뉴
고단백 비교적 단백질 함량이 많은 메뉴
고식이섬유 식이섬유가 풍부해 변비 예방과 장 건강에 좋은 메뉴
저자 추천 저자가 강력하게 추천하는 더 맛있는 메뉴

이 책의 모든 레시피는요!

☑ **표준화된 계량도구를 사용했습니다.**
- 1컵은 200㎖, 1큰술은 15㎖, 1작은술은 5㎖ 기준입니다.
- 계량도구 계량 시 윗면을 평평하게 깎아 계량해야 정확합니다.
- 밥숟가락은 보통 12~13㎖로 계량스푼(큰술)보다 작으니 감안해서 조금 더 넉넉히 담아야 합니다.

☑ **채소는 중간 크기를 기준으로, 탄.단.지 밸런스 건강롤 완성은 1인분을 기준으로 제시했습니다.**
- 양파, 당근, 오이, 단호박 등 개수로 표시된 채소는 너무 크거나 작지 않은 중간 크기를 기준으로 개수와 무게를 표기했습니다.
- 완성 분량(인분)은 특별한 경우를 제외하고는 맛을 위해 1인분을 기준으로 소개합니다.

BASIC GUIDE

베이직 가이드

탄단지 밸런스 건강롤이 무엇인지 알아보고 탄수화물, 단백질, 지방 균형을 맞춘 식사가 중요한 이유에 대해 짚어봅니다. 책에서 소개하는 네 가지 건강롤인 저탄수 김밥롤, 통밀 또띠아롤, 현미 라이스페이퍼롤, 유부 & 두부롤의 특징과 완성도를 높이는 방법도 꼼꼼히 다루었으니 초보자라면 꼭 참고하세요. 자주 등장하는 탄단지 재료와 풍미를 높이는 재료, 미리 만들어두면 좋은 재료들도 함께 소개했습니다.

탄.단.지
밸.런.스
건강롤이란?

'탄단지 밸런스 건강롤'은 하나의 롤 안에
탄수화물, 단백질, 지방 그리고 비타민과 무기질,
식이섬유까지 우리에게 꼭 필요한 영양소를
골고루 포함시켜 밸런스를 맞춘 메뉴입니다.

특히 탄수화물, 단백질, 지방 균형을 맞춘 식사는
건강을 유지하고 질병을 예방하는 데에도
중요한 역할을 합니다. 각 영양소가 균형을 이루어야
신체 기능이 원활하게 작동하며, 면역력이 강화되어
각종 감염과 만성 질환을 예방할 수 있어요. 그 결과로
체중 조절과 유지도 자연스럽게 이뤄지는 것이죠.

이번 책에서 탄단지 밸런스 비율은 1탄
<매일 만들어 먹고 싶은 탄단지 밸런스 건강볼>과
마찬가지로 우리나라 식사 문화와 주재료 빈도를
고려하여 50:25:25(오차 10%)를 기본으로 하되,
독자님들의 선택의 폭을 넓히고자 저탄수 고단백
비율로 맞춘 40:35:25(오차 10%) 레시피들도 함께
소개했습니다.

정제되지 않아 건강한 탄수화물 재료와 양질의 단백질,
지방으로 채운 '탄단지 밸런스 건강롤'을 즐겨보세요.
한입에 쏙 먹기 편해 일상의 한 끼, 도시락으로도
제격이랍니다.

BASIC GUIDE

탄단지 밸런스 건강롤, 이런 점이 좋아요!

1 ── 롤 안에 밸런스를 돌돌, 한입에 쏙 간편하게 먹어요!

김밥, 또띠아롤, 라이스페이퍼롤 등은 만들기 어렵고 번거롭다고 생각하나요? 친숙한 재료와 손쉬운 조리법으로 간단하게 만들 수 있는 탄단지 밸런스 건강롤을 소개할게요. 다른 메뉴 준비할 필요 없이 롤 하나만으로 영양 밸런스를 한입에 쏙 채울 수 있답니다. NO 불조리, 초간단 등 조리법을 간소화한 레시피에는 따로 아이콘을 표시했으니 바쁜 날 활용하세요.

2 ── 속재료부터 쌈재료까지, 더 건강하고 맛있게!

롤의 속재료는 물론, 쌈재료까지 건강한 재료로 신경 썼어요. 김밥롤에는 백미 대신 현미밥을, 또띠아롤에는 일반 백밀 또띠아가 아닌 통밀 또띠아를, 라이스페이퍼롤에는 현미 라이스페이퍼를 활용하였습니다. 두부롤에서는 단백질까지 채울 수 있는 유부와 포두부를 쌈재료로 사용했어요. 또한 맛과 식감을 놓치지 않는 건강한 재료들을 조합해 속재료로 구성했습니다.

3 ── 디핑소스 & 스프레드로 맛과 영양 밸런스 업그레이드!

영양 밸런스와 건강을 가장 우선으로 고려했기에 시판 메뉴보다 다소 풍미가 가볍게 느껴질 수 있어요. 그래서 건강롤에 악센트를 더해줄 디핑소스와 스프레드를 다채롭게 매칭했습니다. 디핑소스와 스프레드는 맛뿐만 아니라 롤만으로 자칫 부족해지기 쉬운 영양 밸런스를 업그레이드하는 역할도 한답니다.

4 ── 도시락으로도 추천해요!

'롤'이라는 메뉴의 장점 중 하나는 도시락으로 활용하기 좋다는 점이에요. 시간이 흘러도 비교적 맛의 변화가 크지 않고, 도시락통에 담았을 때 담음새도 깔끔하지요. 날생선(연어 등)이나 국물이 들어가는 롤 외에는 대부분 도시락으로 좋은 메뉴들이랍니다. 라이스페이퍼롤의 경우 도시락에 담을 때 들러붙지 않도록 하는 팁을 함께 소개했으니 참고하세요.

5 ── 무궁무진 변신하는 롤 활용법, 플러스 레시피까지!

롤을 돌돌 말 시간이 없거나, 좀 더 색다르게 즐기고 싶은 분들을 위해 건강롤을 응용한 플러스 레시피를 담았습니다. 김쌈, 오픈 샌드위치, 샐러드볼 등 플러스 레시피로 건강롤을 무궁무진 변신시키며 더욱 다채롭게 즐겨보세요.

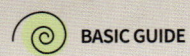
BASIC GUIDE

탄단지 밸런스 건강롤 4가지

탄단지 밸런스 건강롤은 롤 하나로 한 끼의 식사가 되는 메뉴입니다. 따라서 메인 재료와 부재료의 양과 맛을 조화롭게 채우는 것이 중요합니다. 롤이 터지지 않도록 한정된 공간에 이것저것 넣는 것이 자칫 어렵게 느껴질 수 있지만, 다양한 재료의 맛과 영양 밸런스를 맞추며 완성도를 높여줄 디테일을 소개하니 한번 도전해보세요.

유부롤

또띠아롤

라이스페이퍼롤

김밥롤

두부롤

저탄수 김밥롤

* 우리 모두가 사랑하는 국민 음식, 김밥을 김밥롤로 재구성했습니다.
  롤 메뉴의 근본이라고도 할 수 있는 김밥은 생각보다 칼로리가 높고, 들어가는 속재료가
  많아 준비가 오래 걸리는 메뉴 중 하나죠. 이 책에서는 영양 밸런스는 챙기고
  칼로리는 낮춘, 간단히 만들 수 있는 저탄수 김밥롤들을 소개했습니다.

* **이 책의 김밥롤**은 백미 대신 현미밥, 잡곡밥을 사용했고 영양 밸런스에 맞게
  밥 양을 줄였습니다. 대신 단백질과 식이섬유를 채워 영양과 포만감을 높였어요.
  또한 불포화지방산이 풍부한 재료들을 더해 풍미와 부드러운 질감을 더했습니다.

통밀 또띠아롤

* 옥수숫가루 또는 밀가루를 넣고 반죽해 납작하고 둥글게 구운 빵, 또띠아는 넓적하고
  얇은 형태 덕분에 그 쓰임이 다양합니다. 갖은 재료가 알차게 들어가는 샌드위치,
  다양한 토핑이 듬뿍 올라간 피자를 좋아하지만 두툼한 빵과 도우가 부담스러웠다면
  또띠아롤로 만들어보세요. 또띠아와 특히 잘 어울리는 다채로운 속재료와 토핑을
  활용한 레시피를 소개했답니다.

* **이 책의 또띠아롤**은 보편적으로 사용하는 백밀 베이스의 또띠아가 아닌 통밀 또띠아를
  활용합니다. 최근엔 두부를 넣어 단백질 함량을 높이고 기능성을 살린 또띠아들도
  시중에 나와 있으니 활용해도 좋아요. 또띠아의 속재료인 채소와 메인 재료는
  영양 밸런스를 고려해 구성하고, 스프레드를 활용해 맛의 완성도를 높였습니다.

현미 라이스페이퍼롤

* 라이스페이퍼는 베트남, 동남아 음식에서 널리 사용되는 식재료입니다.
  쌀을 물에 불려 곱게 간 후 바닥에 가라앉은 전분만을 얇게 펴서 익혀 생으로
  사용하기도 하지만, 장기 보관과 사용의 용이성을 위해 주로 말려서 사용해요.
  물에 살짝 불린 라이스페이퍼는 다양한 재료를 넣고 감싸 롤의 형태로 먹기 좋습니다.
  또한 소량의 기름에 열조리를 하면 표면이 바삭해지는 특징이 있어
  튀김을 좋아하는 다이어터들의 대체 식재료로도 널리 활용되고 있습니다.

* **이 책의 라이스페이퍼롤**은 쫄깃한 식감과 탄성을 가진 라이스페이퍼를 활용하되,
  현미 가루로 만들어 더욱 건강한 현미 라이스페이퍼를 사용했습니다. 또한 열조리가
  가능한 라이스페이퍼의 장점을 살려 메뉴에 다양성을 더했어요. 함께 곁들이는
  디핑소스는 부족한 영양 밸런스를 채워주고, 맛의 포인트를 살려주는 역할을 합니다.

유부 & 두부롤

* 최근 롤 메뉴들이 인기를 끌면서 기존의 전통적인 재료 대신에 기능성을 강화한
  다양한 재료들을 마트에서 손쉽게 볼 수 있게 되었어요. 그 중 롤유부와 포두부는
  콩이 베이스가 되어 식물성 단백질을 보충하기 좋은 재료입니다.

* **이 책의 유부롤**은 저탄수 고단백으로 즐길 수 있도록 포만감을 더하는 채소,
  단백질 재료를 속재료로 듬뿍 채웠습니다. 편리성을 위해 시판 조미 롤유부를
  사용했으나, 좀 더 건강하게 즐기고 싶다면 유부를 직접 조려서 사용해도 좋아요.
  → 유부 조리는 방법 25쪽

* **이 책의 두부롤**은 두부를 얇게 압착해 만든 포두부를 사용했습니다. 포두부는 수분을
  적게 함유하고 있어 더욱 밀도가 높은 단백질 섭취원이 되고, 두께가 얇아 롤의 쌈재료로
  활용하기 좋아요. 조금 낯설 수 있는 재료지만 이번 기회에 활용해보세요.

4가지 건강롤, 이렇게 구성했어요!

저탄수 김밥롤

쌈재료

밥 선택하기 김밥롤의 기본이 되는 밥은 백미 대신 현미 또는 잡곡밥을 기본 베이스로 합니다. 분량은 100g 정도를 사용해 저탄수 김밥롤로 만들었어요. 현미는 백미에 비해 식이섬유가 풍부해 포만감을 오래 유지시켜주고, GI 지수 (Glycemic Index, 혈당 지수)가 낮아 다이어트나 당뇨 관리에 좋아요. 다만 소화기능이 약한 분들은 밥을 짓기 전 잡곡을 오랜 시간 불려 조리하고, 섭취 시 최대한 오래 씹어 먹는 것을 추천합니다.

속재료

김밥롤 한 줄에 탄단지 밸런스를 모두 담아내기 위해 1가지 이상의 단백질 재료와 채소를 사용했습니다. 또한 향채소, 허브, 치즈를 넣어 풍미를 더하고 양파 플레이크와 다진 견과류 등을 사용해 식감과 영양 밸런스도 업그레이드했어요.

단백질 재료 식물성 단백질인 두부와 두부면, 다양한 동물성 단백질을 사용했습니다. 현미밥 베이스에 쇠고기, 달걀 등 단백질 급원을 더해 영양과 풍미를 높이기도 했습니다.
식이섬유 재료 포만감을 더하고 식감을 풍부하게 하기 위한 채소류를 다양한 방식으로 조리해 사용했습니다. 콜레스테롤을 낮추고 장 건강에도 좋은 식이섬유를 김밥롤에 듬뿍 채워보세요.

디핑소스

김밥롤에 풍미와 감칠맛을 더하고 부족한 영양소를 보완해줄 디핑소스를 곁들여보세요. 탄단지 밸런스 건강롤은 최소한의 재료와 양념을 사용하는 것을 원칙으로 했지만, 디핑소스는 다소 퍽퍽한 식감의 재료에 촉촉함을 더하고 심심한 맛에 선명한 풍미를 입혀줍니다. 부족한 단백질이나 지방 섭취를 보충하는 데도 도움이 됩니다.

☑ 김밥롤 완성도 높이는 방법

1 김을 놓는 순간부터가 롤 말기의 시작이에요

김의 거친 부분이 안으로 오게 놓습니다.
매끈한 부분이 바깥으로 와야 김밥롤의 외관이 좀 더 깔끔하고
먹기 좋기 때문이에요. 초보자라면 **사진 ①처럼** 김밥 김 1/4장을
대각선으로 겹쳐 올린 후 김밥롤을 말아보세요.
이렇게 하면 김밥이 터지지 않고 탄탄하게 말린답니다.

2 밥은 한 김 식혀 사용하고, 최대한 평평하게 펼쳐요

베이스가 되는 밥은 한 김 식혀 사용하는 것이 좋아요.
뜨거운 밥을 김 위에 바로 올리면 김이 수축되어 말기 어려워진답니다.
김 위에 밥을 올릴 때는 최대한 골고루 펼쳐 김밥의 굵기가
일정해질 수 있도록 합니다. 이때 수월하게 말기 위해서는
사진 ②처럼 김의 윗부분 3~4cm를 남겨두는 것이 좋아요.

3 속재료를 올리는 것도 순서가 있어요

속재료를 넣을 때 부드러운 재료는 아래에 깔고,
단단한 재료는 가장 나중에 올리는 게 좋아요. 이렇게 말면
단단한 재료가 지지대 역할을 해주어 모양 잡기가 좋답니다.

4 터지지 않으려면 마무리도 중요해요

김밥롤을 말 때 속재료가 삐져나오지 않도록 **사진 ③처럼** 손가락으로
재료를 덮듯이 감싼 후 김밥롤을 들어올려 안쪽으로 당긴다는 느낌으로
말아줍니다. 어렵다면 김발을 사용해도 좋아요. 김밥 끝에 물을 약간
묻히거나, 으깬 밥풀 또는 슬라이스 치즈를 붙이면 고정력이 좋아져요.

5 바로 썰지 말고 조금 기다렸다 썰어 보세요

김밥롤을 말고 바로 썰기보다 5분 정도 두었다가 썰면
속재료의 수분과 김이 만나 김이 팽팽해져 썰기가 수월해진답니다.
칼에 참기름이나 오일을 바르면 좀 더 깔끔하게 썰 수 있어요.

BASIC GUIDE

통밀 또띠아롤

쌈재료

또띠아 선택하기 또띠아롤의 기본 탄수화물 베이스가 되는 또띠아는 통밀 또띠아를 사용했습니다. 정제 탄수화물이 아닌 통밀이 들어간 또띠아를 사용해 영양분의 소화 및 분해가 천천히 이뤄질 수 있도록 하고, 저작 활동 시간을 길게 만들어 양질의 탄수화물을 섭취할 수 있도록 했어요. 최근 두부 또띠아, 시금치 또띠아 등 다양한 또띠아가 출시되어 선택의 폭이 넓어졌으니 선호도에 따라 다양한 또띠아를 사용해보세요.

속재료

또띠아롤 한 줄에 탄단지 밸런스를 모두 담아내기 위해 1가지 이상의 단백질 재료와 채소를 사용해 구성했습니다. 속재료를 채울 때 또띠아가 젖어 찢어지지 않도록 재료들의 물기를 꼭 제거해 사용하세요.

단백질 재료 식물성 단백질인 두부와 동물성 단백질을 고루 사용하고, 영양 성분이 건강한 가공식품을 사용했어요. 또띠아의 특성상 재료의 수분감이 많으면 또띠아가 눅진해질 수 있으므로, 수분감을 적절히 조절할 수 있는 재료와 조리법을 선택하였습니다.
식이섬유 재료 풍성하게 채소를 넣어 포만감은 물론, 샐러드를 곁들인다는 느낌이 날 수 있도록 구성했습니다. 구운 채소를 추가해 식감과 풍미를 더하거나 피클 또는 라페와 같은 절임류 채소도 다양하게 활용했어요.

스프레드

또띠아 면에 바르는 스프레드는 탄단지 밸런스와 더불어 맛의 완성도를 높여주는 역할을 합니다. 또띠아가 속재료의 물기를 빨아들여 눅진해지지 않도록 그릭 요거트, 하프 마요네즈, 크림치즈, 깨 또는 견과류 등 수분을 막아주는 스프레드를 더했어요. 산뜻한 향의 허브, 이색적인 자극을 주는 향신료, 바삭한 식감의 견과류도 다채롭게 활용했습니다.

☑ 또띠아롤 완성도 높이는 방법

1 또띠아는 살짝만 구워요
또띠아는 오래 구우면 쉽게 부서질 수 있어요. 또띠아 특유의 냄새가 날아가고 온기가 더해질 정도로만 약한 불에서 30초 정도 익혀주세요. 바로 사용하지 않는다면 가열 후 수분이 날아가지 않도록 위생팩에 **사진 ①처럼** 넣어두어도 좋습니다.

2 속재료 물기 제거는 필수예요
또띠아롤을 만들 때 가장 중요한 것은 재료의 신선도와 맛의 유지를 위해 속재료의 물기를 없애는 것입니다. 채소를 듬뿍 넣은 또띠아롤은 정말 맛있지만, 자칫하면 수분이 상상 이상으로 스며 또띠아가 눅진해지거나 찢어질 수 있어요. 세척한 재료는 키친타월이나 채소탈수기로 재료의 물기를 제거하는 과정이 꼭 필요합니다. 속재료인 단백질 재료 역시 물기가 날아가도록 바싹 볶은 뒤 한 김 식혀 넣는 것을 추천합니다.

3 말기 전 양옆을 잘 접어주세요
또띠아를 말 때는 **사진 ②처럼** 양옆을 안쪽으로 접어 속재료의 이탈을 막아주세요. 또띠아의 양옆을 접고 김밥롤을 말 듯 아랫쪽을 들어올려 내부에 빈틈이 생기지 않도록 조금씩 당겨가며 말아야 단단하고 예쁜 단면이 완성됩니다.

4 탄탄함을 더해주는 또띠아롤 포장법을 참고하세요
또띠아는 탄성이 있는 쌈재료는 아니기에 또띠아가 찢어지거나 재료들이 삐져나올 수 있어요. 랩이나 포일, 왁스페이퍼 등을 사용해 고정력을 높이는 방법을 추천합니다.

5 작은 버전으로 만들어도 좋아요
책에서는 20cm 또띠아를 사용했어요. 또띠아 1장으로 만드는 것이 부담이 된다면 15cm 또띠아 2장으로 나누어 2개로 만들어도 좋아요.

▶ **Tip**

매직랩 사용하기
또띠아롤을 도시락으로 활용할 때 한쪽 면이 끈적이는 글래드 매직랩을 사용하면 안정적으로 단단하게 포장할 수 있어요.

❶ 랩을 롤보다 넓게 잘라 끈적이는 면이 아래를 향하도록 두고 포장할 롤을 가운데에 올려요.

❷ **사진③처럼** 랩으로 또띠아롤을 감싸쥐고 김밥롤을 말듯이 롤을 들어올려 안쪽으로 당긴다는 느낌으로 돌돌 말아 고정시킵니다.

❸ 랩 한 장을 추가로 잘라 끈적이는 면이 위쪽을 향하도록 한 후 포장한 롤을 올려 서로 접착시켜 말면 더 깔끔해요.

1

2

3

BASIC GUIDE

현미 라이스페이퍼롤

쌈재료

라이스페이퍼 선택하기 라이스페이퍼는 밀가루 소화가 잘 안되거나, 글루텐 섭취가 어려운 분들에게 추천하고 싶은 대체 식재료입니다. 이 책에서는 현미를 베이스로 만든 현미 라이스페이퍼를 사용해 보다 양질의 탄수화물을 섭취할 수 있도록 했어요. 다만, 현미 라이스페이퍼라고 하더라도 많은 양을 섭취하게 되면 탄수화물이 과도해질 수 있으므로 속재료를 적절히 구성해 영양 밸런스와 포만감을 지킬 수 있는 방법들을 소개했습니다.

속재료

라이스페이퍼롤에 사용할 수 있는 속재료는 비교적 선택의 폭이 넓습니다. 라이스페이퍼는 산뜻한 생채소는 물론 볶거나 익힌 재료들과도 잘 어울리기 때문이에요. 견과류, 아보카도 등은 고소한 풍미는 물론 양질의 지방 섭취도 도와주니 함께 활용해보세요.

단백질 재료 식물성 단백질부터 닭고기, 돼지고기, 쇠고기 등의 동물성 단백질 재료를 굽거나 데치는 등 다양한 방식의 열조리를 활용해 든든하고 색다르게 즐길 수 있도록 했습니다.
식이섬유 재료 아삭한 식감과 청량한 수분감을 채우는 샐러드 채소와 파프리카, 오이, 그리고 포만감과 쫄깃한 식감을 더하는 버섯, 절인 채소 등을 활용해 다양한 식감을 구현했습니다.

디핑소스

라이스페이퍼롤에 풍미와 감칠맛을 더하고 부족한 영양소를 보완해줄 디핑소스를 곁들여보세요. 탄단지 밸런스 건강롤은 최소한의 재료와 양념을 사용하는 것을 원칙으로 했지만, 디핑소스는 다소 퍽퍽한 식감의 재료에 촉촉함을 더하고 심심한 맛에 선명한 풍미를 입혀줍니다. 부족한 단백질이나 지방 섭취를 보충하는 데도 도움이 됩니다.

☑ 라이스페이퍼롤 완성도 높이는 방법

1   **여러 장을 겹쳐 만드는 라이스페이퍼롤은 따뜻한 물 대신 정수물을 사용해요**

   라이스페이퍼를 따뜻한 물에 적셔 사용하면 물에 불려지는 시간이 단축되어 빠르게 사용할 수 있어요. 다만 여러 장을 겹쳐 만드는 대왕 라이스페이퍼롤의 경우, 속재료를 채우는 시간이 더 걸리기 때문에 라이스페이퍼가 눌러 붙어 말기가 어려워지기도 합니다.
   그럴 때는 라이스페이퍼를 정수물에 살짝만 불려 사용하세요.
   쉽게 말 수 있고 쫄깃함은 업그레이드된답니다.

2   **접시나 도마 끝에 살짝 삐져 나오게 깔아보세요**

   라이스페이퍼를 **사진 ①처럼** 접시나 도마에서 살짝 삐져 나오게 세팅 후 삐져나온 부분을 들어서 말아보세요. 도마나 손에 들러 붙지 않고 손쉽게 말 수 있어요.

3   **탄성을 이용해 살짝 잡아당기며 돌돌 말아요**

   라이스페이퍼는 탄성이 좋은 재료라 비교적 많은 재료를 감쌀 수 있어요. 라이스페이퍼롤을 말 때는 **사진 ②처럼** 탄성을 이용해 살짝 잡아 당기며 돌돌 말아주세요. 다만, 너무 힘을 가하면 라이스페이퍼가 찢어질 수 있으니 적당한 힘을 주며 말아야 해요.

4   **도시락 포장 시 서로 들러붙지 않게 하려면 이렇게 해요**

   사진 ③처럼 쌈 채소, 깻잎 등을 활용해 라이스페이퍼롤을 한 번 더 감싸보세요. 서로 들러붙지 않고 시간이 지나도 쫄깃하게 즐길 수 있답니다.
   혹은 소량의 기름을 이용해 열조리를 하면 겉면이 바삭해져 서로 들러 붙어 구멍이 날 확률이 줄어들어요.

BASIC GUIDE

유부 & 두부롤

쌈재료

롤유부 선택하기 유부는 두부를 튀긴 후 양념에 조려 만든 재료이기에 기본적으로 열량이 높은 편인데요, 이번 책에서는 그 점을 염두에 두고 영양 밸런스와 열량을 신경 써 레시피를 구상했습니다. 실용성을 위해 시판 롤유부초밥 키트를 활용했지만 조미 안 된 유부를 조려서 활용하는 방법도 소개하니 기호에 맞게 선택해 사용하세요.

포두부 선택하기 주 영양소가 단백질로 채워져 저탄수식을 하거나 양질의 단백질이 필요한 채식주의자들에게 각광받는 재료입니다. 담백하면서도 쫄깃한 맛과 식감이 매력적이에요.

속재료

담백한 맛이 특징인 유부 & 두부에 어울릴 채소와 동물성 단백질을 사용했습니다. 그 자체로 식물성 단백질 급원인 쌈재료와의 영양 밸런스를 고려해 속재료를 채웠어요.

단백질 재료 감칠맛이 좋은 단백질 급원인 쇠고기, 다른 재료와 이질감 없이 잘 어울리는 닭가슴살, 간편함이 장점인 참치, 소시지 등을 사용했습니다.
식이섬유 재료 아삭한 식감과 수분감이 있는 채소인 오이, 파프리카부터 볶은 채소까지 다채롭게 사용해 채소 섭취량을 높이고 풍미도 채웠습니다.

디핑소스

유부 & 두부롤에 풍미와 감칠맛을 더하고 부족한 영양소를 보완해줄 디핑소스를 곁들여보세요. 탄단지 밸런스 건강롤은 최소한의 재료와 양념을 사용하는 것을 원칙으로 했지만, 디핑소스는 다소 퍽퍽한 식감의 재료에 촉촉함을 더하고 심심한 맛에 선명한 풍미를 입혀줍니다. 부족한 단백질이나 지방 섭취를 보충하는 데도 도움이 됩니다.

☑ 유부 & 두부롤 완성도 높이는 방법

1 포두부는 부드럽게 만들어 사용해요

시판되는 포두부는 크게 두 가지 종류가 있어요. 넓은 모양 그대로 물기를 제거하여 밀봉한 제품과 손바닥 크기로 잘라 물에 담긴 채 포장되어 있는 제품입니다. 책에서 사용한 건 물에 담긴 작은 포두부예요. 무엇을 사용하든 가공 과정을 거친 제품들이니 안전하게 섭취하기 위해서는 체에 밭친 후 뜨거운 물을 부어 불순물을 제거한 후 사용하세요. 이렇게 하면 포두부 식감이 부드러워져 롤을 말기에도 더 좋답니다.

2 속재료의 일체감을 높이는 재료를 더하세요

속재료가 어긋나거나 빠져나가지 않도록 롤과 재료의 결합력을 높이는 또 다른 재료를 추가하면 좋아요. 깻잎이나 김을 넣어 속재료를 감싸거나 삶은 달걀이나 감자, 깨, 견과류 같은 물기를 적당히 흡수하면서도 재료의 움직임을 고정시킬 수 있는 재료를 활용하면 재료들의 일체감도 생기고 맛의 완성도도 높아집니다.

3 보기도 좋고 먹기도 좋도록, 끈으로 묶어보세요

유부와 포두부는 다른 쌈재료에 비해 재료의 탄성이나 접착력이 약한 편입니다. 따라서 돌돌 만 롤을 끈으로 한 번 더 묶어주는 작업을 하면 좋아요.
사진 ①처럼 김을 잘라 감싸거나
사진 ②처럼 쪽파나 부추를 끓는 물에 살짝 데쳐 묶어요.
보기에도 좋고 고정력이 좋아져 먹기도 편하답니다.

Tip

유부 직접 조리기(2인분)

재료 유부 8장(6×8cm 크기), 녹차 티백 1개, 물 3컵(600㎖)
양념 다시마 1장(5×5cm 크기), 양조간장 2큰술, 맛술 2큰술, 알룰로스 1큰술(또는 올리고당), 소금 1/3작은술, 물 1과 1/2컵(300㎖)

❶ 냄비에 유부 데칠 물 3컵, 녹차 티백을 넣고 센 불에서 끓인다.
   유부는 끝에 칼집을 넣어 롤 유부 모양으로 펼친다.
   * 녹차티백을 넣으면 녹차가 유부의 기름을 흡착해 기름기 제거에 도움을 줘요.
❷ 물이 끓어오르면 유부를 넣고 중약 불로 줄여 2분간 끓인다.
   유부를 건져 체에 밭쳐 흐르는 물에 헹군 후 물기를 꼭 짠다.
❸ 냄비에 양념 재료를 넣어 센 불에서 끓인다.
❹ 양념이 끓어오르면 유부를 넣고 중약 불로 줄여 10분간 조린다.
   사용 전에 양념을 꼭 짠다.

탄단지 밸런스와 맛을 위한 재료들

두부면 탄 단
두부면은 응축된 고소한 맛과 쫀득한 식감으로 다양하게 활용할 수 있어요. 열을 가하거나 시간이 지나도 불지 않기 때문에 도시락 메뉴로 사용하기 좋고, 면의 형태를 하고 있어 양념이 고루 잘 밴다는 장점이 있습니다. 건강롤에서는 이색적이면서도 단백질 가득한 이색 누들로 만들었습니다.

메밀면(녹차메밀면) 탄 단
메밀 함량이 높은 메밀면을 추천해요. 뚝뚝 끊기고 식감이 다소 거칠게 느껴질 수 있으나, 메밀 특유의 담백하고 깊은 맛이 있답니다. 녹차 메밀면은 쌉싸름한 풍미가 좋고, 지방이 풍부한 재료와 함께 활용하면 개운함을 더해주니 한번 사용해보세요.

단호박, 감자, 고구마 탄
식이섬유와 탄수화물을 동시에 섭취할 수 있는 전분질 채소로 묵직한 단맛이 특징입니다. 포만감을 주는 동시에 매운맛을 중화시키는 역할을 함께 해주어 활용도가 높아요. 전분질의 성분 덕분에 롤 재료들끼리 접착력을 높여주는 역할도 한답니다.

달걀 단 지
달걀은 필수아미노산이 풍부한 양질의 단백질 재료입니다. 여러 메뉴에 두루 잘 어울리는 풍미를 가지고 있어 활용도 역시 높아요. 책에서는 유지를 더해 조리하여 비타민 A의 흡수율을 높였고, 비타민 C가 풍부한 재료(브로콜리, 양파)들과 함께 조리하여 철분 흡수율도 높였습니다.

닭가슴살 단
닭가슴살은 포화지방이 적어 심혈관계 질환 유발 위험이 낮은 양질의 단백질 재료입니다. 책에서는 열조리가 필요한 경우 생닭가슴살을 사용하고, 별도의 불조리가 필요 없는 경우 시판 닭가슴살을 사용하여 메뉴 조리의 난이도를 낮추었습니다. 두 재료 모두 동량으로 대체 가능합니다.

닭가슴살 햄 & 소시지 단
닭가슴살로 만든 가공육으로 돼지고기로 만든 햄, 소시지보다 기름기가 적어 담백하고 식감이 부드럽습니다. 단백질 급원으로 더해도 좋고 간식으로 활용해도 좋아요. 가급적 첨가물이 적은 것을 사용하세요.

탄수화물, 단백질, 지방의 비율을 맞추기 위해 이 책에서 가장 많이 쓰인 재료들을 정리했어요. 각 재료에 어떤 영양소가 많은지 아이콘으로 확인하고 기호에 따라 대체해도 됩니다. 맛과 풍미를 업그레이드하는 재료들도 함께 소개하니 가급적 더해서 맛있게 만들어보세요.

탄 탄수화물이 풍부한 재료
단 단백질이 풍부한 재료
지 지방이 풍부한 재료

쇠고기(샤부샤부용, 다짐육) 단 지

다른 부위에 비해 지방 함량이 적은 만큼 담백한 풍미를 가지고 있어 재료 및 양념들과 어우러짐이 좋아요. 샤부샤부용 쇠고기는 두께가 얇아 조리시간을 단축할 수 있고, 다짐육은 미리 볶아 밥이나 다른 재료와 섞어 감칠맛과 포만감을 높일 수 있다는 장점이 있습니다.

돼지고기(안심, 앞다리살) 단 지

필수아미노산, 철분 비타민 B_1, B_{12}가 풍부하여 빈혈을 예방하고 피로회복에 도움을 줍니다. 지방 함량이 적은 안심과 앞다리살은 담백한 풍미를 가진 부위지만 돼지고기 특유의 누린내가 있을 수 있어 마늘, 파 등의 향신 채소를 함께 사용해 잡내를 제거하고 항산화 효과를 높일 수 있도록 했어요.

훈제오리 단 지

오리고기는 불포화지방산을 함유하고 있어 지방이 체내에 과도하게 축적되는 것을 막아줍니다. 나이아신, 셀레늄이 풍부해 피로회복에 효과적인 것도 오리고기의 특징이지요. 가공을 거친 훈제오리는 끓는 물을 붓고 기름기를 제거해 좀 더 담백하게 섭취하세요.

연어 단 지

연어에 포함된 오메가3 지방산은 혈중 중성지방을 낮춰 혈전 형성을 줄이고, 심혈관계 질환 예방에 도움이 됩니다. 특유의 풍미가 있으면서도 여러 요리에 두루두루 잘 어울려 김밥롤과 또띠아롤, 유부롤에 모두 사용했습니다. 연어는 가능하다면 자연산을 구입하세요.

새우 단 지

양질의 단백질 급원이자 비타민 B_{12}, 셀레늄, 아연 등의 여러 필수 영양소를 포함하고 있는 재료입니다. 구입할 때는 익혀서 냉동한 주황색 새우살은 풍미가 약하니, 손질만 해서 냉동한 회색의 생새우살을 고르세요. 차가운 물에 10~20분 정도 담가 해동한 후 바로 요리하면 됩니다.

참치캔 & 게맛살(어육류 가공품) 단

가공식품은 다소 번거로울 수 있는 롤의 재료 준비를 수월하게 도와주고 손쉽게 단백질 밸런스를 맞출 수 있는 재료이지만, 자연식품에 비해 첨가물의 함량이 높은 것도 사실입니다. 따라서 최대한 첨가물이 적은 것을 고르고, 사용 전 끓는물에 살짝 데치거나 보존물을 제거 후 사용할 것을 권해요.

BASIC GUIDE

무첨가 땅콩버터 단 지
땅콩 속 불포화지방산은 우리 몸의 갈색지방을 활성화시켜 몸에 열을 내고 칼로리 소모를 돕는 역할을 합니다. 건강적 이점 외에도 특유의 독보적인 고소한 풍미로 요리에 활용하기 좋아요. 구매 시 당이나 첨가물이 없는 100% 땅콩으로 만든 것을 추천해요.

그릭 요거트 단 지
일반 요거트에서 수분과 유청을 제거하여 단백질 비율을 높인 것으로 농후하고 진하면서 쫀득한 것이 특징입니다. 특유의 산미가 의외로 어떤 요리와도 잘 어울려요. 책에서는 크리미한 풍미를 살려 디핑소스로, 묵직한 발림성을 이용해 스프레드로 다채롭게 활용했어요.

아보카도 지
불포화지방이 풍부한 아보카도는 '숲속의 버터'라는 별명이 있어요. 아보카도의 비타민 E는 활성산소로부터 세포를 보호해 노화를 지연시키는데 도움을 줍니다. 버터처럼 크리미하고 묵직한 질감을 활용해 부드러운 속재료로, 재료들의 융화를 도와주는 역할로 다채롭게 활용했어요.

치즈 단 지
롤이라는 메뉴 특성에 맞게 접착력이 좋거나 다른 재료와 어우러짐이 좋은 치즈를 사용했어요. 슬라이스 치즈, 슈레드 모짜렐라 치즈, 크림치즈 등을 사용해 롤 메뉴의 접착성을 높였고, 리코타 치즈, 그라나파다노 치즈를 활용해 단백질 섭취와 치즈의 풍미를 더했답니다.

알룰로스
저당 감미료로 설탕보다 열량이 낮고 체내 흡수가 되지 않는 제품입니다. 포도나 무화과, 키위에 소량 함유되어 있는 당으로 올리고당보다 단맛이 선명하면서도 스테비아, 에리스리톨 등과 비교했을 때 특유의 풍미가 적어 요리에 활용하기 좋습니다. 올리고당으로 대체 가능해요.

하프 마요네즈
건강롤은 메뉴 특성상 재료들끼리의 접착력을 높여주는 다양한 재료를 사용했는데 하프 마요네즈도 그 중 하나입니다. 마요네즈는 고소한 풍미 덕에 많은 사랑을 받지만, 지방 함량이 높아 하프 마요네즈 또는 식물성인 제품을 사용하고 최소한의 양을 넣는 것이 좋아요.

탄	탄수화물이 풍부한 재료
단	단백질이 풍부한 재료
지	지방이 풍부한 재료

스리라차 소스
고추와 마늘을 발효시켜 만든 동남아식 매운 고추 소스입니다. 칼로리가 낮아 매운 맛이 필요할 때 부담없이 즐기기 좋아요. 매운맛이 강하고 신맛과 개운한 맛이 있어 여러 양념과 잘 어우러지는 활용도가 높은 소스입니다.

크러시드 페퍼
페페론치노를 굵게 빻은 것입니다. 칼칼하고 개운한 매운맛을 낼 때 사용하면 좋아요. 볶음 요리에 더하면 매운 맛이 선명하게, 국물요리에 넣으면 은근하게 매운맛이 스며들게 합니다. 토핑으로 활용해도 산뜻한 매운 맛을 더할 수 있어요.

레몬즙
재료의 향은 지키면서도 산뜻한 신맛을 더해줍니다. 어류에 사용할 경우 특유의 비릿함을 잡아주기도 하지요. 또한 레몬의 산은 곡류와 콩류의 소화를 돕고, 강력한 항산화 효과로 발암 물질을 억제하며 독소를 배출하는 역할을 해 다이어트와 면역력 향상에 도움을 줍니다.

화이트 발사믹 식초
화이트 와인을 발효시켜 만든 식초로 일반 식초에 비해 신맛이 약하고 은은한 단맛과 향이 나서 드레싱, 절임, 양념으로 활용하면 고급스런 풍미를 낼 수 있어요. 없을 경우 레몬즙으로 대체하되 당도를 위해 약간의 알룰로스, 올리고당, 꿀 등을 추가해 사용하세요.

가다랑어포
가다랑어를 찐 다음 훈제하고 발효시켜 건조시킨 일본의 식재료입니다. 감칠맛을 내는 이노신산이 풍부하여 소량만 사용해도 특유의 이국적인 풍미가 살아나는 재료예요. 건강롤에서는 국물, 토핑, 스프레드에 사용해 맛에 특별함을 더했습니다.

올리브 절임 & 할라피뇨 피클
염도를 낮춘 스프레드나 양념의 맛을 보완할 때 사용합니다. 올리브 절임은 이국적인 풍미로 맛의 포인트를 더해주고, 알싸한 매운맛을 가진 할라피뇨 피클 역시 감칠맛을 높여 메뉴의 완성도를 올려줘요. 다만 절임류는 나트륨 함량이 높으니 과도하지 않게 섭취하세요.

BASIC GUIDE

바싹 쇠고기볶음

쫄깃 버섯볶음

당근 / 양배추 라페

현미밥

미리 만들어두는 재료들

탄단지 밸런스 건강롤에 자주 활용되는 속재료 중
미리 만들어 두면 훨씬 간편한 메뉴들을 소개합니다.

단무지, 피클을 대신해주는 아삭한
당근 / 양배추 라페 (5~6회분)

당근 1개(또는 양배추 약 7장, 손바닥 크기, 200g),
소금 1작은술(절임용)
양념 화이트 발사믹 식초 2큰술(또는 발사믹 식초
1과 1/2큰술), 홀그레인 머스터드 1/2큰술(또는
머스터드), 올리브유 1큰술, 통후추 간 것 약간

1. 당근(양배추)은 0.5cm 두께로 채 썰고 소금을 뿌려
   10분간 절인 후 물기를 제거한다.
2. 볼에 당근(양배추), 양념을 넣어 골고루 섞는다.
   * 밀폐용기에 담아 1주일간 냉장 보관 가능해요.

향신 채소 듬뿍 넣어 건강한 풍미 살린
바싹 쇠고기볶음 (5~6회분)

다진 쇠고기 300g, 올리브유 1큰술
양념 다진 파 3큰술, 다진 마늘 1큰술, 양조간장 2큰술,
맛술 2큰술, 참기름 1/2큰술, 후춧가루 약간

1. 다진 쇠고기는 키친타월로 눌러 핏물을 제거한다.
2. 볼에 다진 쇠고기, 양념 재료를 넣어 골고루 섞는다.
3. 달군 팬에 올리브유를 두르고 ②의 쇠고기를 넣는다.
   중강 불에서 3~4분간 주걱을 세워
   다진 쇠고기가 뭉치지 않도록 알알이 부숴가며
   양념이 배도록 볶는다.
4. 불을 끄고 한 김 식혀 밀폐용기에 담는다.
   * 밀폐용기에 담아 1주일간 냉장 보관 가능해요.

수분감은 최소로, 쫄깃함은 최대로
쫄깃 버섯볶음 (5~6회분)

모둠 버섯 300g, 올리브유 1큰술, 크러시드 페퍼
1/2작은술(기호에 따라 가감), 소금 약간, 식초 1작은술
양념 맛술 1큰술, 양조간장 1과 1/2큰술,
다진 마늘 1큰술, 후춧가루 약간

1. 버섯은 밑동을 제거하고 채 썰거나 결대로 찢는다.
2. 작은 볼에 양념 재료를 모두 넣고 섞는다.
3. 달군 팬에 올리브유를 두르고 버섯, 크러시드 페퍼를
   넣고 중강 불에서 2분간 버섯의 숨이 죽도록 볶는다.
   소금을 넣고 1분간 더 볶는다.
4. 팬에 양념을 두르고 버섯에서 수분이 나오면
   버섯을 편평하게 펴 그대로 수분을 날린다.
5. 수분이 반으로 줄어들면 식초를 뿌려 가볍게 섞는다.
6. 수분이 졸아들면 불을 끄고 한 김 식혀
   밀폐용기에 담는다.
   * 밀폐용기에 담아 1주일간 냉장 보관 가능해요.

식이섬유가 풍부하고 씹을수록 고소한
현미밥 (4~5회분)

현미 1컵(또는 잡곡, 200g), 물 240ml

1. 볼에 현미(잡곡)를 넣은 후 물을 붓고 헹궈
   가볍게 씻는다. 찬물을 넉넉하게 부어
   1~2시간 불린 후 체에 밭쳐 물기를 제거한다.
   * 현미 및 잡곡의 거친 식감을 부드럽게 하기 위해
   충분하게 불린 후 사용해요.
2. 밥솥에 불린 현미, 물을 넣는다.
3. 잡곡 모드 선택 후 취사 버튼을 누른다.
   * **보관** 밥은 한 번 먹을 분량(60~100g)씩 위생팩
   또는 전용 용기에 넣어 한 김 식힌 후 냉동해요.
   * **해동** 내열 용기에 담고 물 1/2큰술(또는 얼음
   1조각)을 넣어 전자레인지에서 2분간 해동해요.

CHAPTER 1

저탄수 김밥 롤

대표적인 분식 메뉴 김밥은 누구나 사랑하지만, 탄수화물 함량이 많아
혈당 스파이크의 주범이 되기도 합니다. 이 책에 소개한 김밥롤은
탄수화물 베이스로 최소한의 현미밥을 사용하되 양질의 단백질과 지방,
식이섬유가 풍부한 재료를 조합해 포만감을 채웠습니다. 속재료는
다양함은 물론 맛의 밸런스까지 고려해 풍미와 식감을 구현했어요.
함께 소개한 디핑소스는 맛에 개성을 더해주고, 부족한 영양 밸런스를
채워줍니다.

495 kcal 냉동 트렌디 메뉴   탄수화물 51.5% 단백질 24.0% 지방 24.5%

당근 김밥롤

전주 유명 갓집의 당근 김밥을 홈메이드 버전으로 재구성했습니다.
당근을 듬뿍 넣어 달콤한 본연의 맛을 살렸고, 킥으로 참기름과 다진 마늘을 넣고 볶아내 감칠맛을 높였어요.
부드럽게 익힌 재료들의 맛이 순하게 잘 어우러져 소화도 잘 되는 김밥롤입니다.

저탄수 김밥롤

1인분 / 20~25분

- 김밥 김 1장
- 따뜻한 현미밥 1/2공기
  (또는 잡곡밥, 100g)
- 달걀 2개
- 당근 약 1/3개(70g)
- 게맛살 짧은 것 2개
  (또는 김밥용 단무지 1줄, 40g)
- 식용유 1작은술
- 참기름 1작은술(또는 들기름)
- 다진 마늘 1/2큰술
- 소금 약간
- 후춧가루 약간

밥 양념

- 참기름 1작은술
- 소금 약간
- 통깨 약간

1. 당근은 가늘게 채 썰고, 볼에 달걀과 소금을 넣어 푼다.
2. 달군 팬에 식용유를 두르고, ①의 달걀물을 부어
   중약 불에서 1분 30초, 뒤집어서 1분간 익혀 한 김 식힌다.
3. 팬을 닦고 다시 달궈 참기름, 다진 마늘을 넣어 중약 불에서 1분간 볶는다.
   당근과 소금, 후춧가루를 넣고 중간 불로 올려 3분간 익혀 접시에 덜어둔다.
4. ②의 달걀은 돌돌 말아 0.5cm 폭으로 채 썬다.
   볼에 현미밥, 밥 양념 재료를 넣고 골고루 섞어 한 김 식힌다.
5. 김밥 김의 3/4지점까지 밥을 고르게 펼쳐 올린다.
6. 당근 볶음, 게맛살, 달걀지단을 올린다. 돌돌 말아 먹기 좋은 크기로 썬다.
   * 김밥 김 끝에 물을 약간 묻혀 접착력을 높이면 좋아요.

Tip

단무지로 아삭함 추가하기
게맛살 대신 단무지 한 줄을 추가해
새콤한 맛과 아삭한 식감을 더해도 좋아요.

넉넉하게 만들어 냉동하기
완성한 김밥롤은 먹기 좋은 크기로 썰고
밀폐용기에 넣어 냉동으로 한 달간
보관 가능해요. 별도의 해동 없이
전자레인지에 넣어 2~3분 가열 후 먹어요.

냉동 김밥 응용하기
달걀물(달걀 1개 분량)에 김밥을 담가
적신 후, 달군 팬에 식용유 1작은술을
두르고 중약 불에서 4~5분 노릇하게 구워
김밥전으로 즐겨요.
냉동 김밥을 팬에 넣고 주걱으로 으깨며
볶아 간단 볶음밥으로 즐겨도 좋습니다.

478 kcal 냉동 고 식이섬유

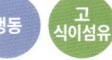

탄수화물 53.2% 단백질 23.4% 지방 23.4%

팽이버섯 달걀전 김밥롤

김밥 속재료를 한데 볶아 간편하게 만들 수 있는 메뉴입니다.
'셀룰라이트 청소부'라고도 불리는 다이어트 식재료 팽이버섯을 듬뿍 넣어 쫄깃한 식감을 더했습니다. 나머지 재료는 냉장고에 있는 자투리 채소를 활용해도 좋아요.

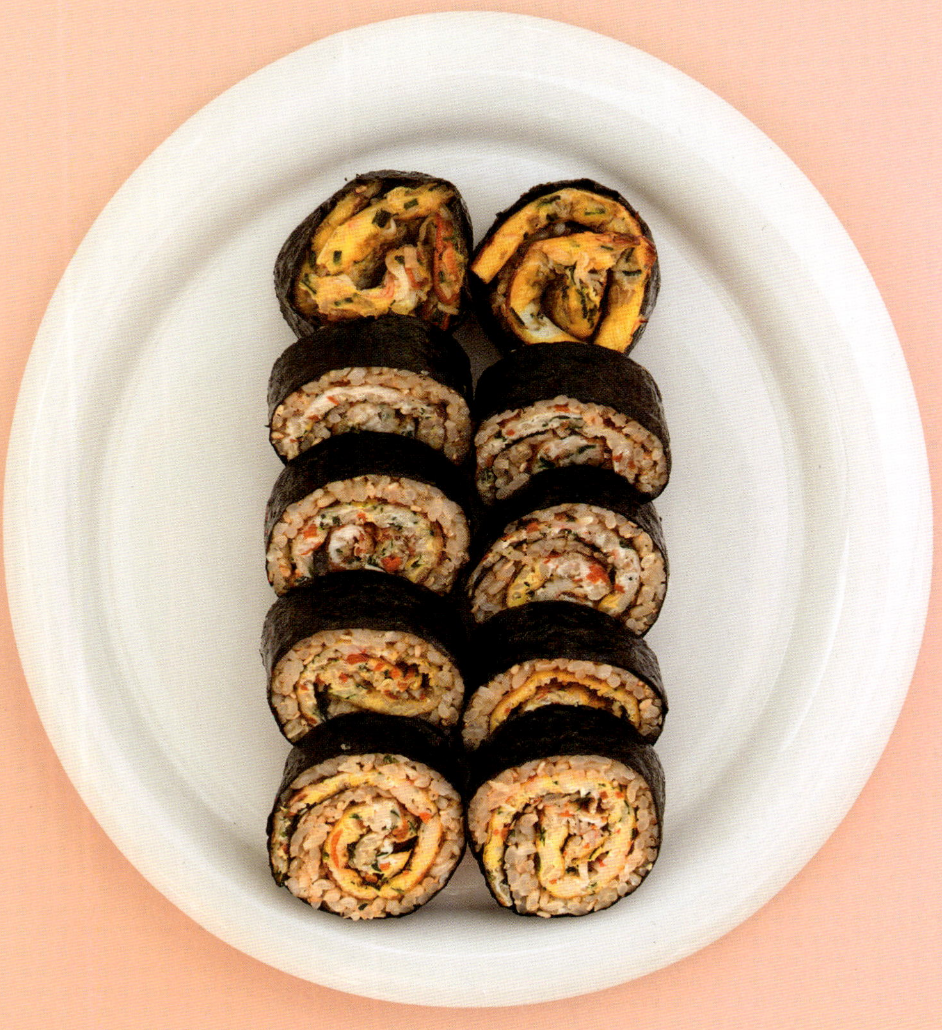

1인분 / 15~20분

- 김밥 김 1장
- 따뜻한 현미밥 1/2공기
  (또는 잡곡밥, 100g)
- 달걀 2개
- 팽이버섯 2줌
  (또는 양배추, 100g)
- 게맛살 짧은 것 2개
  (또는 통조림 참치, 40g)
- 당근 1/4개(50g)
- 영양부추 1/2줌
  (또는 쪽파 2줄기, 10g)
  * 당근, 영양부추는
    동량의 다른 채소로 대체 가능
- 올리브유 1작은술
- 소금 약간
- 후춧가루 약간

밥 양념
- 참기름 1작은술
- 소금 약간
- 통깨 약간

1. 게맛살은 결대로 찢고, 당근은 가늘게 채 썬다.
   팽이버섯은 밑동을 제거한 후 송송 썰고, 영양부추는 송송 썬다.
2. 달군 팬에 올리브유를 두르고 당근, 팽이버섯을 넣어 중간 불에서
   팽이버섯의 숨이 죽을 때까지 2분간 볶는다. 게맛살, 영양부추, 소금,
   후춧가루를 넣어 가볍게 볶은 후 달걀을 깨뜨려 넣고 섞는다.
   편평한 사각모양으로 만들어 약한 불에서 2분, 뒤집어서 1분간 익혀 한 김 식힌다.
   * 김밥 김보다 3~4cm 작은 크기로 만들면 김밥 끝이 깔끔하게 말려요.
3. 볼에 현미밥, 밥 양념 재료를 넣고 골고루 섞어 한 김 식힌다.
4. 김밥 김의 4/5지점까지 밥을 고르게 펼쳐 올린다.
   ②의 속재료를 올린다. 돌돌 말아 먹기 좋은 크기로 썬다.
   * 김밥 김 끝에 물을 약간 묻혀 접착력을 높이면 좋아요.

Tip

넉넉하게 만들어 냉동하기
완성한 김밥롤은 먹기 좋은 크기로 썰고
밀폐용기에 넣어 냉동으로 한 달간
보관 가능해요. 별도의 해동 없이
전자레인지에 넣어 2~3분 가열 후 먹어요.

냉동 김밥 응용하기
달걀물(달걀 1개 분량)에 김밥을 담가
적신 후, 달군 팬에 식용유 1작은술을
두르고 중약 불에서 4~5분 노릇하게 구워
김밥전으로 즐겨요.
냉동 김밥을 팬에 넣고 주걱으로 으깨며
볶아 간단 볶음밥으로 즐겨도 좋습니다.

451 kcal 냉동 고식이섬유   탄수화물 47.9%   단백질 23.4%   지방 28.7%

버섯 통들깨 김밥롤

쫄깃한 식감과 눅진한 버섯 향이 일품인 버섯볶음을 듬뿍 넣은 김밥롤입니다.
밥에는 통들깨와 들기름을 넣어 고소함을 극대화했고, 부드러운 달걀말이로 단백질까지 채웠어요.
단무지의 아삭한 식감과 깻잎 향까지 더해져 조화로워요.

저탄수 김밥롤

1인분 / 20~25분

- 김밥 김 1장
- 따뜻한 현미밥 1/2공기
  (또는 잡곡밥, 100g)
- 달걀 2개
- 쫄깃 버섯볶음 약 1컵(50g)
  * 만들기 30쪽
- 김밥용 단무지 1줄(또는
  당근 라페 1/3컵, 씻은 김치 1줄, 40g)
- 깻잎 10장(20g)
- 식용유 약간
- 소금 1/3작은술
- 후춧가루 약간

밥 양념
- 통들깨 1큰술
  (또는 들깻가루 1작은술, 통깨)
- 들기름 1작은술(또는 참기름)
- 소금 약간

1 볼에 달걀과 소금, 후춧가루를 넣어 푼다.

2 약한 불로 달군 팬에 식용유를 키친타월로 펴 바른다.
달걀물을 팬에 붓고 기울여 달걀물이 고루 퍼지게 한다.
약한 불에서 30초~1분간 윗면을 익힌 후 돌돌 만다.

3 볼에 현미밥, 밥 양념 재료를 넣고 골고루 섞어 한 김 식힌다.

4 김밥 김 3/4지점까지 밥을 고르게 펼쳐 올리고 깻잎, 쫄깃 버섯볶음을 올린다.
달걀, 단무지를 올리고 돌돌 말아 먹기 좋은 크기로 썬다.
  * 김밥롤을 말 때 버섯볶음이 밖으로 튀어나오지 않도록
  가운데 부분에 좀 더 소복하게 올린 후 말아요.
  * 김밥 김 끝에 물을 약간 묻혀 접착력을 높이면 좋아요.

Tip

넉넉하게 만들어 냉동하기
완성한 김밥롤은 먹기 좋은 크기로 썰고 밀폐용기에 넣어 냉동으로 한 달간 보관 가능해요. 별도의 해동 없이 전자레인지에 넣어 2~3분 가열 후 먹어요.

냉동 김밥 응용하기
달걀물(달걀 1개 분량)에 김밥을 담가 적신 후, 달군 팬에 식용유 1작은술을 두르고 중약 불에서 4~5분 노릇하게 구워 김밥전으로 즐겨요.
냉동 김밥을 팬에 넣고 주걱으로 으깨며 볶아 간단 볶음밥으로 즐겨도 좋습니다.

427 kcal 저자추천   탄수화물 50.1%   단백질 29.0%   지방 20.9%

치킨마요 김밥롤

치킨마요 덮밥을 가볍고 산뜻한 김밥롤로 재해석했습니다.
보드랍게 익힌 스크램블과 가다랑어포를 넣어 특색을 살린 밥에
데리야키 양념으로 익힌 닭안심살을 넣어
단백질을 채우고 양상추와 양파로 개운한 맛을 더했습니다.

저탄수 김밥롤

1인분 / 20~25분

- 김밥 김 1장
- 따뜻한 현미밥 1/2공기
  (또는 잡곡밥, 100g)
- 닭안심 2조각
  (또는 닭가슴살 1/2조각, 50g)
- 달걀 1개
- 양상추 2장(손바닥 크기,
  또는 어린잎 채소 1줌, 30g)
- 적양파 1/8개(또는 양파,
  파프리카, 25g)
- 가다랑어포 1/2컵(생략 가능, 2g)
- 참기름 1작은술
- 식용유 1작은술 + 1작은술
- 소금 약간
- 후춧가루 약간
- 하프 마요네즈 약간(토핑용, 생략 가능)

데리야키 양념
- 양조간장 1큰술
- 맛술 1큰술

1. 닭안심은 힘줄을 제거하고 소금, 후춧가루를 뿌린다.
2. 양상추는 0.5cm 두께로 채 썬다.
   적양파는 가늘게 채 썰어 찬물에 담가 매운 맛을 빼고 체에 밭쳐 물기를 제거한다.
3. 달군 팬에 식용유 1작은술을 두른다. 달걀을 깨뜨려 넣고 소금, 후춧가루를 넣어
   중약 불에서 2분간 저어가며 촉촉한 스크램블을 만들어 덜어둔다.
4. 팬을 닦고 다시 달궈 식용유 1작은술을 두른다. ①의 닭안심을 넣고 중간 불에서
   앞뒤로 뒤집어가며 1분간 익힌다. 데리야키 양념 재료를 넣고 끓어오르면 약한 불로 줄여
   2~3분간 닭안심에 양념이 골고루 스며들도록 굴려가며 익힌 후 덜어둔다.
5. 볼에 현미밥, ③의 스크램블, 가다랑어포, 참기름을 넣고 골고루 섞어 한 김 식힌다.
6. 김밥 김의 3/4지점까지 ⑤의 밥을 고르게 펼쳐 올린다. ②의 양상추와 적양파,
   ④의 닭안심을 올린다. 돌돌 말아 먹기 좋은 크기로 썬다. 마무리로 마요네즈를 뿌린다.
   * 김밥 김 끝에 물을 약간 묻혀 접착력을 높이면 좋아요.
   * 마요네즈를 뿌리지 않고 찍어 먹어도 좋아요.

Tip

가다랑어포가 없다면?
가다랑어포 대신 밥 양념에 양조간장
1작은술을 추가해도 좋아요.

생양파가 싫다면?
과정 ④ 닭안심 굽는 과정에
함께 넣어 익혀도 좋아요.

499 kcal 고식이섬유 저자추천   탄수화물 55.0% 단백질 28.8% 지방 16.2%

LA 김밥롤 + 타르타르 디핑소스

'LA 김밥'을 아시나요? 갖은 이국적인 재료를 즉석에서 각자의 기호에 맞춰 싸먹는 LA 김밥은
'파티 김밥'이라는 이름으로도 불립니다. 익숙한 듯 새로운 조합이 더해져
외국인들까지 사로잡은 메뉴를 김밥롤로 만들었어요. 요거트를 베이스로 한 가벼운 타르타르 디핑소스가
색다른 조화로움을 더한답니다. 불조리 없이 즐길 수 있어 더욱 매력적인 메뉴예요.

저탄수 김밥롤

1인분 / 15~20분

- 김밥 김 1과 1/2장
- 따뜻한 현미밥 1/2공기
  (또는 잡곡밥, 100g)
- 시판 익힌 닭가슴살 1개
  (또는 닭가슴살, 100g)
- 파프리카 1/4개(또는 오이, 50g)
- 사과 1/4개(50g)
  * 파프리카, 사과는 동량으로
    서로 대체 가능
- 로메인 4장(또는 쌈 채소, 20g)
- 양배추 라페 약 1/3컵
  (또는 당근 라페, 30g)
  * 만들기 30쪽
- 양파 플레이크 1큰술(생략 가능)

밥 양념
- 올리브유 1작은술
- 소금 1/3작은술

타르타르 디핑소스
- 다진 양파 1큰술
- 그릭 요거트 1큰술
- 하프 마요네즈 1큰술
- 홀그레인 머스터드 1작은술
- 알룰로스 1작은술(또는 올리고당)
- 소금 약간
- 통후추 간 것 약간

1 닭가슴살은 0.5cm 두께의 모양대로 썬다.
   사과, 파프리카는 0.5cm 두께로 채 썬다.
2 볼에 현미밥, 밥 양념 재료를 넣고 골고루 섞어 한 김 식힌다.
   다른 작은 볼에 타르타르 디핑소스 재료를 넣어 섞는다.
3 김의 끝에 밥풀 약간을 펴 발라 나머지 1/2장을 붙인다.
   전체의 3/4 지점까지 밥을 얇고 고르게 펼쳐 올린다.
4 아래에서부터 로메인, 닭가슴살 순으로 올린다.
5 파프리카, 사과를 올린다.
6 로메인 위에 양배추 라페를 올리고, 닭가슴살 위에 양파플레이크를 뿌린다.
   돌돌 말아 먹기 좋은 크기로 썬다. 타르타르 디핑소스에 찍어 먹는다.
   * 김밥 김 끝에 물을 약간 묻혀 접착력을 높이면 좋아요.

Tip

닭가슴살 직접 삶기
냄비에 닭가슴살, 잠길 만큼의 물,
청주 1큰술을 넣어 중간 불에서
10분간 삶아요. 젓가락으로 찔러
핏물이 나오면 조금 더 삶아요.
한 김 식힌 후 결대로 찢어 사용해요.

404 kcal 고식이섬유 저자추천   탄수화물 48.4%   단백질 32.7%   지방 18.9%

토마토 바질 닭가슴살 김밥롤

발사믹 양념에 구워낸 닭가슴살로 포만감과 단백질 밸런스를 채우고,
바질페스토를 밥 양념으로 활용해 색다른 풍미를 더한 김밥롤입니다.
토핑으로 곁들인 토마토 샐러드가 김밥롤에 상큼함을 더해주는 것이 킥이랍니다.

저탄수 김밥롤

1인분 / 20~25분

- 김밥 김 1장
- 따뜻한 현미밥 약 4/1공기
  (또는 잡곡밥, 60g)
- 닭가슴살 1쪽(또는 시판 익힌
  닭가슴살, 닭안심 4조각, 100g)
- 당근 라페 1/2컵
  (또는 양배추 라페, 50g)
  * 만들기 30쪽
- 올리브유 1작은술
- 바질페스토 1큰술

발사믹 양념
- 발사믹식초 1큰술
- 양조간장 1/2큰술
- 알룰로스 1작은술(또는 올리고당)
- 통후추 간 것 약간

토마토 샐러드
- 방울토마토 5개
  (또는 토마토 작은 것 1개, 75g)
- 적양파 1/10개(또는 양파, 20g)
- 다진 바질 잎 1작은술(생략 가능)
- 올리브유 1작은술
- 레몬즙 1작은술
- 알룰로스 1작은술(또는 올리고당)
- 소금 약간
- 통후추 간 것 약간

1 닭가슴살은 1cm 두께의 모양대로 썬다. 작은 볼에 발사믹 양념 재료를 섞는다.

2 토마토는 사방 1cm 크기로 썰고, 적양파는 굵게 다져
   나머지 토마토 샐러드 재료와 섞는다.

3 달군 팬에 올리브유를 두르고 닭가슴살을 넣어 중간 불에서 2분간
   뒤집어 가며 익힌다. 발사믹 양념을 넣고 약한 불로 줄여 1분간 볶는다.

4 볼에 현미밥, 바질페스토를 넣고 골고루 섞어 한 김 식힌다.

5 김밥 김의 3/4지점까지 ④의 밥을 고르게 펼쳐 올린다.
   당근 라페, ③의 닭가슴살 구이를 올린다. 돌돌 말아 먹기 좋은 크기로 썬다.
   * 김밥 김 끝에 물을 약간 묻혀 접착력을 높이면 좋아요.

6 ②의 토마토 샐러드를 곁들여 먹는다.
   * 롤 위에 올려 사진처럼 플레이팅해도 좋아요.

Tip

바질페스토 직접 만들기

다진 바질 잎 10g, 다진 호두 1큰술,
올리브유 2큰술, 그라나파다노 치즈
간 것 1큰술, 소금 약간, 통후추 간 것
약간을 섞어 홈메이드 바질페스토를
만들어보세요.

482 kcal 초간단 냉동 트렌디 메뉴   탄수화물 45.3%   단백질 31.5%   지방 23.2%

올리브 소시지 김밥롤

SNS에서 인기 많은 '올리브 소시지 솥밥'을 김밥롤로 재해석했어요.
참기름과 통깨가 들어가는 솥밥 양념 대신 잘게 다진 올리브를 볶아 이국적인 풍미를 업그레이드하고,
닭가슴살 소시지를 활용해 단백질 밸런스를 간편하게 맞춘 메뉴입니다.

저탄수 김밥롤

1인분 / 15~20분

- 김밥 김 1장
- 따뜻한 현미밥 1/2공기
  (또는 잡곡밥, 100g)
- 닭가슴살 소시지 2개(또는
  시판 익힌 닭가슴살 1개, 100g)
- 그린 올리브 10개
  (또는 블랙 올리브, 30g)
- 올리브유 약간 + 1/2큰술
- 다진 마늘 1큰술
- 그라나파다노 치즈 간 것 1큰술
  (또는 파마산 치즈 가루)
- 소금 약간
- 통후추 간 것 약간

Tip

그린 샐러드 곁들이기
샐러드 채소 30g, 방울토마토 2개,
올리브유 1작은술, 레몬즙 1작은술,
소금, 후추 약간을 넣고 샐러드를
만들어 함께 곁들어도 좋아요.

넉넉하게 만들어 냉동하기
완성한 김밥롤은 먹기 좋은 크기로
썰고 밀폐용기에 넣어 냉동으로
한 달간 보관 가능해요.
별도의 해동 없이 전자레인지에 넣어
2~3분 가열 후 먹어요.

냉동 김밥 응용하기
달걀물(달걀 1개 분량)에 김밥을
담가 적신 후, 달군 팬에 식용유
1작은술을 두르고 중약 불에서 4~5분
노릇하게 구워 김밥전으로 즐겨요.
냉동 김밥을 팬에 넣고 주걱으로
으깨며 볶아 간단 볶음밥으로
즐겨도 좋습니다.

1 그린 올리브는 굵게 다진다.

2 달군 팬에 올리브유 약간을 두른다.
닭가슴살 소시지를 넣고 중간 불에서 2분간 노릇하게 굴려가며 구워 접시에 덜어둔다.

3 팬을 닦고 다시 달궈 올리브유 1/2큰술을 두른다.
다진 마늘, ①의 올리브를 넣어 중간 불에서 1분간 볶는다.
그라나파다노 치즈 간 것, 소금, 통후추 간 것을 넣어 가볍게 섞은 후 불을 끈다.
* 올리브의 염도에 따라 소금의 양은 가감해도 좋아요.

4 볼에 현미밥, ③을 넣고 골고루 섞어 한 김 식힌다.

5 김밥 김은 2등분한 후 ④의 밥의 1/2분량을 김밥 김의 3/4지점까지 고르게 펼친다.

6 닭가슴살 소시지를 넣고 돌돌 말아 먹기 좋은 크기로 썬다. 같은 방법으로 한 개 더 만든다.
* 김밥 김 끝에 물을 약간 묻혀 접착력을 높이면 좋아요.

468 kcal 초간단 고식이섬유   탄수화물 51.5%   단백질 26.4%   지방 22.1%

오이고추 훈제오리 김밥롤

아삭한 오이고추를 통째로 넣어 만든 김밥롤입니다.
간장 양념에 구워낸 훈제오리와 쌈 채소를 속재료로 사용했어요. 밥 양념에 쌈장과 부추를 넣어
한 조각만 먹어도 훈제오리 쌈을 먹는 듯한 메뉴랍니다.

저탄수 김밥롤

1인분 / 15~20분

- 김밥 김 1장
- 따뜻한 현미밥 1/2공기
  (또는 잡곡밥, 100g)
- 훈제오리 슬라이스 100g
- 쌈 채소 6장(30g)
- 영양부추 1줌
  (또는 부추 1/3줌, 20g)
- 오이고추 1개
  (큰 것, 또는 파프리카, 20g)
- 김밥용 단무지 1줄
  (또는 씻은 김치 1줄, 40g)
- 다진 마늘 1/2큰술
- 양조간장 1/2큰술

밥 양념
- 쌈장 1/2큰술(또는 고추장 1작은술)
- 참기름 1작은술
- 통깨 약간

1 훈제오리 슬라이스는 체에 밭쳐 뜨거운 물을 부어 기름과 불순물을 제거한다.

2 영양부추는 송송 썬다.

3 달군 팬에 훈제오리를 넣고 중간 불에서 2분간 볶는다.
   다진 마늘과 양조간장을 넣어 30초간 더 볶은 후 접시에 덜어둔다.
   * 훈제오리를 구운 후 기름을 키친타월로 거의 닦아내고 볶아도 좋아요.

4 볼에 현미밥, ②의 부추, 밥 양념 재료를 넣고 골고루 섞어 한 김 식힌다.

5 김밥 김의 3/4지점까지 ④의 밥을 펼쳐 올린다.

6 쌈 채소, 훈제오리, 단무지, 오이고추를 올린 뒤 돌돌 말아 먹기 좋은 크기로 썬다.
   * 김밥 김 끝에 물을 약간 묻혀 접착력을 높이면 좋아요.

442 kcal 초간단 고식이섬유   탄수화물 52.6% 단백질 29.1% 지방 18.2%

미나리 갈비 김밥롤

봄이 오면 생각나는 영원한 단짝,
미나리 삼겹살을 김밥롤에 담아봤습니다.
기름기 많은 삼겹살 대신 지방이 적고 단백질 함량이
높은 뒷다리살을 갈비 양념에 바싹 볶아냈어요.
미나리는 생으로 사용해 아삭한 향긋함을 채웠고,
양파채를 넣어 개운한 맛을 더했답니다.

☑ 덮밥으로 즐기기 86쪽

저탄수 김밥롤

1인분 / 20~25분

- 김밥 김 1장
- 따뜻한 현미밥 1/2공기
  (또는 잡곡밥, 100g)
- 돼지고기 불고기용 100g
  (뒷다리살 또는 안심)
- 미나리 1/2줌(또는 참나물, 35g)
- 적양파 1/4개
  (또는 양파, 파프리카, 50g)

갈비 양념

- 다진 마늘 1/2큰술
- 양조간장 1큰술
- 맛술 1큰술
- 알룰로스 1/2큰술(또는 올리고당)
- 참기름 1작은술
- 후춧가루 약간

밥 양념

- 참기름 1작은술
- 소금 약간
- 통깨 약간

1. 돼지고기는 키친타월로 감싸 핏물을 제거하고 한입 크기로 썬다.
   볼에 돼지고기, 갈비 양념 재료를 넣고 버무려 5분간 재운다.
2. 미나리는 길게 2등분한다. 적양파는 가늘게 채 썰어 찬물에 담가 매운맛을 빼고 체에 밭쳐 물기를 제거한다.
3. 달군 팬에 ①의 돼지고기를 넣어 중강 불에서 3분간 볶는다.
   * 고기가 타지 않도록 저어가며 바싹 볶아요.
4. 볼에 현미밥, 밥 양념 재료를 넣어 골고루 섞은 후 한 김 식힌다.
5. 김밥 김의 3/4지점까지 밥을 골고루 펼쳐 올린 후 모든 재료를 올린다.
   돌돌 말아 먹기 좋은 크기로 썬다.
   * 김밥 김 끝에 물을 약간 묻혀 접착력을 높이면 좋아요.

Tip

미나리 대신 다른 봄나물로 대체하기
미나리 대신 동량의 참나물, 쌈 채소로 대체해도 좋아요.

481 kcal 고단백 고식이섬유   탄수화물 47.6%   단백질 37.0%   지방 15.4%

양배추겉절이 대패 김밥롤

냉삼과 파절이는 오랜 시간 저의 소울푸드였답니다. 건강에 그다지 이롭지 않아 이제는 자주 먹진 않지만 종종 생각날 때 이 김밥롤을 해먹어요. 고기는 지방 함량이 적은 뒷다리살이나 목살을 사용하고, 파절이보다는 덜 자극적이지만 아삭한 식감이 일품인 양배추겉절이를 듬뿍 넣었어요.
냉동 고기류는 무게 대비 양이 적으니 처음 양을 좀 더 넉넉하게 잡으세요.

저탄수 김밥롤

1인분 / 20~25분

- 김밥 김 1장
- 따뜻한 현미밥 1/2공기
  (또는 잡곡밥, 100g)
- 돼지고기 대패 뒷다리살 150g
  (또는 목살, 우삼겹)
- 양배추 4장(손바닥 크기, 120g)
- 쪽파 2줄기
  (또는 다진 대파 1큰술, 생략 가능)
- 소금 1/3작은술 + 약간
- 후춧가루 약간

양배추겉절이 양념

- 고춧가루 1큰술
- 식초 1/2큰술
- 다진 마늘 1작은술
- 까나리액젓 1작은술(또는 멸치액젓)
- 알룰로스 1작은술(또는 올리고당)
- 통깨 약간

밥 양념

- 참기름 1작은술
- 소금 약간
- 통깨 약간

1 양배추는 0.5cm 두께로 채 썰어 볼에 담은 후 소금 1/3작은술을 넣고 골고루 버무려 10분간 절인다. 절인 양배추는 물기를 꼭 짠다. 쪽파는 송송 썬다.

2 볼에 양배추겉절이 양념 재료를 넣고 ①의 절인 양배추, 쪽파를 넣어 골고루 섞는다.

3 달군 팬에 대패 뒷다리살을 넣어 중강 불에서 1분, 소금과 후춧가루를 약간씩 뿌린 후 1분간 노릇하게 구워 키친타월에 올려 기름기를 제거한다.

4 볼에 현미밥, 밥 양념 재료를 넣고 골고루 섞어 한 김 식힌다.

5 김밥 김의 3/4지점까지 밥을 골고루 펼쳐 올린 후 구운 뒷다리살을 펼쳐 올린다.

6 구운 뒷다리살 위에 ②의 양배추겉절이를 올린다. 돌돌 말아 먹기 좋은 크기로 썬다.

   ★ 김밥 김 끝에 물을 약간 묻혀 접착력을 높이면 좋아요.
   ★ 송송 썬 쪽파를 뿌려 사진처럼 플레이팅해도 좋아요.

465 kcal NO 불조리 고 식이섬유 탄수화물 51.3% 단백질 29.5% 지방 19.2%

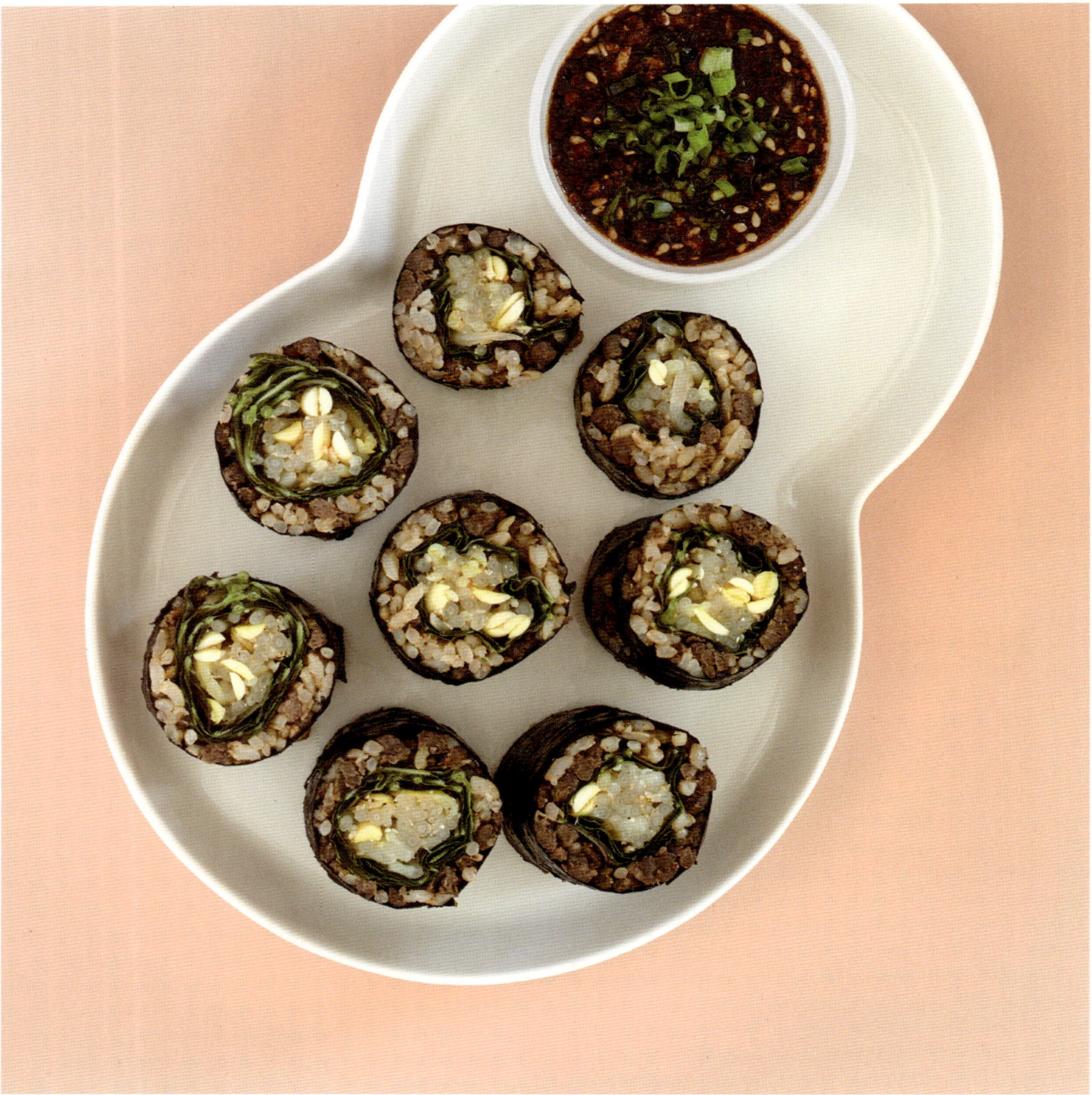

아삭 콩나물 쇠고기 김밥롤 + 쪽파 양념장

밥상 위에 자주 오르는 콩나물밥을 간단 김밥롤로 재해석했습니다.
고소한 쇠고기볶음으로 단백질 밸런스를, 아삭하게 익혀낸 콩나물과 깻잎으로
식감과 향을 더했어요. 쪽파 양념장에 콕 찍어 한입에 먹는 꼬마 김밥으로 즐겨보세요.

1인분 / 20~25분

- 김밥 김 2장
- 따뜻한 현미밥 1/2공기
  (또는 잡곡밥, 100g)
- 콩나물 2줌(또는 양배추 3장, 100g)
- 바싹 쇠고기볶음 1/2컵(약 60g)
  * 만들기 30쪽
- 깻잎 8장(또는 쌈 채소, 16g)
- 통깨 간 것 1큰술
- 참기름 1작은술(또는 들기름)

쪽파 양념장

- 송송 썬 쪽파 2줄기
  (또는 다진 대파 1큰술)
- 양조간장 1큰술
- 통깨 1작은술
- 다진 마늘 1작은술
- 고춧가루 1작은술
- 알룰로스 1작은술(또는 올리고당)
- 참기름 1작은술(또는 들기름)

1. 내열용기에 콩나물, 물 2큰술, 소금 1/3작은술을 넣어 살살 뒤섞은 후 뚜껑을 덮고 전자레인지에 넣는다. 3분간 익힌 후 뚜껑을 열어 한 김 식힌다.
2. 볼에 ①의 콩나물을 담고 통깨 간 것, 참기름을 넣어 버무린다.
   작은 볼에 쪽파 양념장 재료를 넣어 섞는다.
3. 볼에 현미밥, 바싹 쇠고기볶음을 넣고 골고루 섞어 한 김 식힌다.
4. 김밥 김 1장에 1/2지점까지 ③의 쇠고기밥 1/2분량을 고르게 펼쳐 올린다.
5. 깻잎 4장을 올리고, ②의 콩나물 무침 1/2분량을 올린다.
6. 깻잎으로 콩나물을 감싸듯 말아주며 돌돌 말아 먹기 좋은 크기로 썬다.
   같은 방법으로 한 개 더 만들어 쪽파 양념장에 찍어 먹는다.
   * 김밥 김 끝에 물을 약간 묻혀 접착력을 높이면 좋아요.

Tip

냄비로 콩나물 익히기
냄비에 물 1/2컵, 소금 1/3작은술을
넣어 센 불에서 끓어오르면
콩나물을 넣어요. 뚜껑을 덮고
2분간 익힌 뒤 건져 사용해요.

400 kcal   냉동   트렌디 메뉴 고단백   탄수화물 40.0%   단백질 38.3%   지방 21.7%

✓ 또띠아롤로 즐기기 89쪽

페퍼 불고기 콘치즈 김밥롤

일본, 동남아권에서 자주 볼 수 있는 캐주얼 레스토랑 '페퍼 런치(Pepper Lunch)'를 아시나요?
밥과 고기, 각종 토핑을 후추를 듬뿍 넣은 데리야키 소스와 함께 철판에 볶아주는 곳이지요.
여기서 영감을 받아 후추향이 물씬 느껴지는 간장 양념에 가볍게 볶아낸 쇠고기, 그리고 옥수수와 치즈를 넣은
현미밥을 사용했습니다. 따뜻한 밥에 살짝 녹은 슬라이스 치즈 덕에 김밥롤 말기가 더 수월하답니다.

저탄수 김밥롤

1인분 / 20~25분

- 김밥 김 1장
- 따뜻한 현미밥 약 1/4공기
  (또는 잡곡밥, 60g)
- 쇠고기 샤부샤부용 100g
  (또는 쇠고기 불고기용)
- 양파 1/4개(50g)
- 꽈리고추 4개(또는 피망 1/2개, 20g)
- 올리브유 1작은술
- 소금 약간
- 통후추 간 것 약간

데리야키 양념
- 양조간장 1큰술
- 맛술 1큰술
- 다진 생강 1/3작은술
  (또는 다진 마늘, 생략 가능)
- 통후추 간 것 1/2작은술
  (기호에 따라 가감)

밥 양념
- 슬라이스 치즈 1장
- 통조림 옥수수 3큰술
  (또는 파프리카 다진 것, 30g)
- 통후추 간 것 약간

1 쇠고기는 키친타월로 핏물을 제거하고 한입 크기로 썬다.
   양파는 0.5cm 두께로 채 썬다.

2 작은 볼에 데리야키 양념 재료를 섞는다.
   슬라이스 치즈는 밥에 잘 녹을 수 있도록 사방 1cm 크기로 썬다.

3 달군 팬에 올리브유를 두르고 양파를 넣어 중간 불에서 1분, 쇠고기를 넣어
   1분간 볶은 후 데리야키 양념을 넣고 1분간 볶아 접시에 덜어둔다.

4 ③의 팬을 닦지 않고 그대로 둔 상태에서 꽈리고추를 넣고
   소금, 통후추 간 것을 넣어 1분간 노릇하게 볶는다.

5 볼에 현미밥, 밥 양념 재료를 넣고 골고루 섞어 치즈를 자연스럽게 녹인 후 한 김 식힌다.

6 김밥 김의 3/4지점까지 ⑤의 콘치즈밥을 골고루 펼쳐 올린 후 ③의 데리야키 불고기,
   ④의 구운 꽈리고추를 올린다. 돌돌 말아 먹기 좋은 크기로 썬다.
   * 김밥 김 끝에 물을 약간 묻혀 접착력을 높이면 좋아요.

Tip

넉넉하게 만들어 냉동하기
완성한 김밥롤은 먹기 좋은 크기로 썰고
밀폐용기에 넣어 냉동으로 한 달간
보관 가능해요. 별도의 해동 없이
전자레인지에 넣어 2~3분 가열 후 먹어요.

냉동 김밥 응용하기
달걀물(달걀 1개 분량)에 김밥을 담가
적신 후, 달군 팬에 식용유 1작은술을
두르고 중약 불에서 4~5분 노릇하게 구워
김밥전으로 즐겨요.
냉동 김밥을 팬에 넣고 주걱으로 으깨며
볶아 간단 볶음밥으로 즐겨도 좋습니다.

471 kcal　고식이섬유　　탄수화물 50.8%　단백질 29.6%　지방 19.5%

쇠고기 비트 김밥롤

항산화 성분이 풍부해 '혈관 청소부'라고도 불리는 슈퍼 푸드 비트를 김밥롤에 활용했어요.
비트는 특유의 묵직한 흙 향이 있는데, 잘게 썰고 올리브유에 볶아 진입장벽을 낮췄습니다.
볶은 쇠고기를 곁들여 철분 섭취까지 챙길 수 있는 메뉴예요.
아삭한 파프리카와 케일 샐러드를 곁들여 상큼하게 즐겨보세요.

1인분 / 15~20분

- 김밥 김 1장
- 따뜻한 현미밥 1/2공기
  (또는 잡곡밥, 100g)
- 바싹 쇠고기볶음 1/2컵(약 60g)
  ★ 만들기 30쪽
- 비트 1/8개(또는 양배추, 50g)
- 파프리카 1/4개(또는 당근, 50g)
- 쌈케일 6장(손바닥크기,
  또는 양상추, 30g)
- 아몬드 슬라이스 1큰술
  (또는 견과류 다진 것)
- 올리브유 1작은술
- 소금 약간
- 통후추 간 것 약간

레몬 드레싱

- 그라나파다노 치즈 간 것 1큰술
  (또는 파마산 치즈 가루)
- 레몬즙 1/2큰술
- 알룰로스 1작은술(또는 올리고당)
- 올리브유 1작은술
- 통후추 간 것 약간

1 쌈케일은 가늘게 채 썰고, 파프리카는 0.5cm 두께로 채 썬다.

2 비트는 사방 0.5cm 크기로 다진다.

3 달군 팬에 올리브유를 두르고 비트를 넣어 중간 불에서 2분간 볶는다.
  소금, 통후추 간 것을 넣어 가볍게 섞은 후 불을 끈다.

4 볼에 현미밥, 바싹 쇠고기볶음, ③의 비트볶음을 넣고 골고루 섞어 한 김 식힌다.

5 큰 볼에 레몬 드레싱 재료를 넣어 골고루 섞은 후 케일을 넣어 가볍게 섞는다.

6 김밥 김의 3/4지점까지 ④의 비트 쇠고기밥을 골고루 펼친다.
  파프리카, ⑤의 케일 샐러드, 아몬드 슬라이스를 올린 후 돌돌 말아 먹기 좋은 크기로 썬다.
  ★ 김밥 김 끝에 물을 약간 묻혀 접착력을 높이면 좋아요.

507 kcal 고 식이섬유 탄수화물 48.2% 단백질 33.4% 지방 18.4%

카레새우 꼬다리 김밥롤
+ 카레 요거트 디핑소스

카레 요거트 소스에 재워 구워낸 이국적인 풍미의
새우와 아보카도가 주인공인 김밥롤입니다.
김을 잘라 꼬다리 김밥으로 만들었어요.
덕분에 밥 양은 적고, 속재료는 넉넉하게 먹을 수 있습니다.
당근 라페를 넣어 아삭한 식감을 더했어요.

☑ **또띠아롤로 즐기기 89쪽**

566 kcal 냉동 저자추천 탄수화물 43.4% 단백질 32.4% 지방 24.2%

달걀말이 멸추 견과 김밥롤

매콤한 맛과 바삭한 식감이 포인트인 김밥롤입니다.
바삭하게 전처리한 멸치에 청양고추와 고추장 양념으로 매콤함을 극대화했어요.
앙증맞은 꼬마 김밥을 달걀에 한 번 더 말아 내어 부드러운 고소함이 매콤한 맛을 감싼답니다.
견과류와 멸치로 건강한 지방과 칼슘 등의 영양 밸런스를 높인 메뉴예요.

카레새우 꼬다리 김밥롤

1인분 / 20~25분

- 김밥 김 1장
- 따뜻한 현미밥 1/2공기(또는 잡곡밥, 100g)
- 냉동 생새우살 8마리
  (킹사이즈, 또는 닭가슴살, 120g)
- 아보카도 1/2개(100g)
- 당근 라페 약 1/3컵(또는 양배추 라페, 30g)
  * 만들기 30쪽
- 와일드 루꼴라 1/2줌(또는 샐러드 채소, 25g)

카레 요거트 디핑소스
- 생수 1큰술
- 알룰로스 1/2큰술(또는 올리고당)
- 카레가루 1작은술
- 올리브유 1작은술
- 크러시드 페퍼 약간(생략 가능)
- 그릭 요거트 2큰술
- 레몬즙 1큰술
- 소금 약간
- 통후추 간 것 약간

밥 양념
- 그라나파다노 치즈 간 것 1큰술
  (또는 파마산 치즈 가루)
- 올리브유 1작은술
- 통후추 간 것 약간

1. 냉동 생새우살은 찬물에 10분간 담가 해동한 후 체에 밭쳐 물기를 제거한다. 새우 배 쪽에 칼집을 2~3회 넣는다.
   * 새우 배 쪽에 칼집을 넣으면 구울 때 덜 구부러져요.
2. 내열용기에 생수, 알룰로스, 카레가루, 올리브유, 크러시드 페퍼를 넣어 골고루 섞은 후 뚜껑을 덮고 전자레인지에서 30초간 익힌다.
   * 전자레인지에 살짝 익히면 카레가루의 텁텁함이 줄어들고, 재료들의 응집력과 풍미는 더 높아져요.
3. 작은 볼에 ②, 나머지 카레 요거트 디핑소스 재료를 넣어 골고루 섞는다. 이때 1큰술을 덜어 다른 볼에 새우를 버무려 둔다.
4. 아보카도는 손질하여 길게 4등분하고, 와일드 루꼴라는 2등분한다.
5. 달군 팬에 ③의 새우를 넣어 중약 불에서 3분간 양념이 타지 않게 뒤집어가며 노릇하게 굽는다.
6. 볼에 현미밥, 밥 양념 재료를 넣고 골고루 섞어 한 김 식힌다.
7. 김밥 김은 가로로 4등분한다.
8. 김에 밥 1/4분량을 3/4지점까지 펼쳐 올린 후 와일드 루꼴라, 아보카도, 새우, 당근 라페 순으로 1/4분량씩 올린다. 돌돌 말아 절반으로 썬다. 같은 방법으로 3개 더 만든다. 카레 요거트 디핑소스에 찍어 먹는다.
   * 김밥 김 끝에 물을 약간 묻혀 접착력을 높이면 좋아요.
   * 접시에 카레 요거트 소스를 뿌려 사진(60쪽)처럼 플레이팅해도 좋아요.

Tip
아보카도 손질하기

1. 아보카도 씨에 칼이 닿도록 깊숙하게 꽂은 후 돌려가며 칼집을 내요.
2. 아보카도를 비틀어서 두 쪽으로 나눠요.
3. 씨는 칼날을 꽂아 고정한 후 비틀어 제거해요.
4. 손으로 껍질을 제거하거나 숟가락을 껍질 속에 깊숙이 넣어 과육을 퍼내요.

달걀말이 멸추 견과 김밥롤

1인분 / 20~25분

- 김밥 김 2장
- 따뜻한 현미밥 1/2공기(또는 잡곡밥, 100g)
- 달걀 2개
- 잔멸치 1/3컵(20g)
- 견과류 다진 것 1큰술
- 깻잎 5장(또는 부추, 10g)
- 청양고추 1개(기호에 따라 가감, 생략 가능)
- 슈레드 피자 치즈 2큰술(또는 슬라이스 치즈 1장)
- 식용유 약간

고추장 양념

- 고추장 1큰술
- 알룰로스 1/2큰술(또는 올리고당)
- 다진 마늘 1작은술
- 양조간장 1작은술
- 참기름 1작은술
- 후춧가루 약간
- 통깨 약간

1. 잔멸치는 찬물에 담가 가볍게 헹구고 체에 밭쳐 물기를 제거한다. 다른 볼에 달걀을 푼다.
2. 깻잎은 꼭지를 제거하고 길게 2등분한 후 0.5cm 두께로 채 썬다. 청양고추는 송송 썬다.
3. 내열용기에 잔멸치를 넣고 전자레인지에서 30초간 익힌다. 뚜껑을 열어 한 김 식힌다.
   * 전자레인지에 익혀 한 김 식히면 멸치가 바삭해져요.
4. 큰 볼에 고추장 양념 재료를 넣어 섞은 후 ③의 멸치를 넣어 가볍게 섞는다.
5. ④의 볼에 현미밥, ②의 깻잎과 청양고추, 견과류 다진 것을 넣고 골고루 섞어 한 김 식힌다.
6. 김밥 김의 3/4지점까지 ⑤의 밥 1/2분량을 고르게 펼쳐 올린 후 돌돌 만다. 같은 방법으로 하나 더 만든다.
   * 김밥 김 끝에 물을 약간 묻혀 접착력을 높이면 좋아요.
7. 약한 불로 달군 팬에 식용유를 키친타월로 펴 바른다. 달걀물 1/2분량을 팬에 붓고 기울여 달걀물이 고루 퍼지게 한다. 달걀물이 반쯤 익으면 슈레드 피자 치즈 1큰술을 골고루 뿌린다.
8. 김밥 1줄을 달걀 끝부분에 올려 뒤집개나 젓가락으로 돌돌 만다. 같은 방법으로 하나 더 만든 후 한 김 식혀 먹기 좋은 크기로 썬다. .

Tip

전자레인지 대신 팬조리로 멸치 볶기
헹궈낸 멸치는 달군 팬에 기름을 두르지 않은 상태에서 멸치를 넣어 약한 불에 2분간 볶은 후 한 김 식혀 사용해도 좋아요.

맵지 않게 만들기
고추장 양념 대신 양조간장 1큰술, 알룰로스 1/2큰술(또는 올리고당), 참기름 1작은술, 후추 약간, 통깨 약간을 섞은 후 과정 ④에서 활용하세요. 이때 청양고추는 생략합니다.

넉넉하게 만들어 냉동하기
완성한 김밥롤은 먹기 좋은 크기로 썰고 밀폐용기에 넣어 냉동으로 한 달간 보관 가능해요. 별도의 해동 없이 전자레인지에 넣어 2~3분 가열 후 먹어요.

냉동 김밥 응용하기
달걀물(달걀 1개 분량)에 김밥을 담가 적신 후, 달군 팬에 식용유 1작은술을 두르고 중약 불에서 4~5분 노릇하게 구워 김밥전으로 즐겨요. 냉동 김밥을 팬에 넣고 주걱으로 으깨며 볶아 간단 볶음밥으로 즐겨도 좋습니다.

506 kcal 냉동 고 식이섬유   탄수화물 49.7%   단백질 31.0%   지방 19.3%

브로콜리 참치 김밥롤

아삭한 브로콜리를 듬뿍 넣어 볶은 김밥롤입니다.
십자화과 채소의 대표주자인 브로콜리는 항산화, 항암 효과에 탁월한 효능을 지니고 있어요.
좀 더 친숙하고 맛있게 즐길 수 있도록 브로콜리와 부재료, 밥을 함께 원팬으로 볶아
간단하게 만들었답니다. 다이어트 중에 간편한 한 끼를 먹고 싶을 때 추천해요.

저탄수 김밥롤

1인분 / 15~20분

- 김밥 김 2장
- 따뜻한 현미밥 100g(또는 잡곡밥)
- 브로콜리 1/3송이(또는 양배추, 100g)
- 통조림 참치 작은 것 1캔(또는 삶은 닭가슴살, 통조림 연어, 100g)
- 달걀 1개
- 대파 흰 부분 10cm
- 올리브유 1/2큰술
- 소금 약간

스리라차 양념

- 스리라차 소스 1큰술(기호에 따라 가감)
- 양조간장 1큰술
- 알룰로스 1작은술(또는 올리고당)
- 하프 마요네즈 1작은술
- 참기름 1작은술
- 후춧가루 약간

1. 통조림 참치는 체에 밭쳐 기름기를 뺀다. 작은 볼에 스리라차 양념 재료를 섞는다.
2. 브로콜리는 굵게 다진다. 대파는 송송 썬다.
3. 달군 팬에 올리브유를 두르고 대파를 넣어 약한 불에서 1분, 브로콜리, 소금을 넣고 중간 불로 올려 1분간 볶는다.
4. 참치를 넣어 1분간 볶은 후 현미밥, 스리라차 양념을 넣고 1분간 더 볶는다.
5. 달걀을 깨뜨려 넣고 가볍게 섞는다. 불을 끄고 잔열로 촉촉하게 익히며 한 김 식힌다.
6. 김밥 김의 3/4지점까지 ⑤의 밥 1/2분량을 고르게 펼쳐 올린 후 돌돌 만다. 같은 방법으로 하나 더 만든 후 먹기 좋은 크기로 썬다.
   * 김밥 김 끝에 물을 약간 묻혀 접착력을 높이면 좋아요.
   * 매콤함을 즐긴다면 스리라차 소스를 뿌려 먹어도 좋아요.

Tip

넉넉하게 만들어 냉동하기

완성한 김밥롤은 먹기 좋은 크기로 썰고 밀폐용기에 넣어 냉동으로 한 달간 보관 가능해요. 별도의 해동 없이 전자레인지에 넣어 2~3분 가열 후 먹어요.

냉동 김밥 응용하기

달걀물(달걀 1개 분량)에 김밥을 담가 적신 후, 달군 팬에 식용유 1작은술을 두르고 중약 불에서 4~5분 노릇하게 구워 김밥전으로 즐겨요.

- 냉동 김밥을 팬에 넣고 주걱으로 으깨며 볶아 간단 볶음밥으로 즐겨도 좋습니다.

476 kcal 트렌디 메뉴 고 식이섬유   탄수화물 49.7% 단백질 29.8% 지방 20.6%

참치쌈장 통오이 김밥롤

SNS를 강타했던 '참치쌈장 다이어트'와 '통오이 김밥'을 합쳐 건강한 김밥롤로 만들었어요.
식이섬유가 풍부한 팽이버섯을 활용해 더욱 건강한 참치쌈장에
오이를 통째로 넣어 아삭아삭 재밌는 식감까지 느낄 수 있답니다.

저탄수 김밥롤

☑ 채소쌈으로 즐기기 88쪽

참치쌈장 통오이 김밥롤

1인분 / 20~25분

- 김밥 김 1장
- 따뜻한 현미밥 1/2공기(또는 잡곡밥, 100g)
- 오이 1개(작은 것, 150g)

팽이버섯 참치쌈장
- 통조림 참치 작은 것 1캔
  (또는 삶은 닭가슴살, 통조림 연어, 100g)
- 팽이버섯 1줌(또는 다른 버섯, 50g)
- 다진 청양고추 1개분(생략 가능)
- 다진 대파 1큰술
- 다진 마늘 1큰술
- 식용유 1작은술
- 소금 약간
- 후춧가루 약간
- 맛술 1큰술
- 된장 2작은술(염도에 따라 가감)
- 고추장 1작은술
- 참기름 1작은술
- 통깨 약간

밥 양념
- 참기름 1작은술
- 소금 약간
- 통깨 약간

1. 통조림 참치는 체에 밭쳐 기름기를 뺀다.
   팽이버섯은 밑동을 제거한 후 송송 썬다.
2. 오이 양 끝을 제거한 후 필러로 껍질을 듬성듬성 벗긴다.
3. 달군 팬에 식용유를 두르고 다진 대파, 다진 마늘을 넣어 중약 불에서 1분간 볶는다. 팽이버섯, 소금, 후춧가루를 넣은 후 중간 불로 올려 팽이버섯의 수분기가 날아가도록 2분간 더 볶는다.
4. ③의 팬에 ①의 참치, 다진 청양고추, 맛술을 넣어 1분간 볶는다.
5. 된장, 고추장을 넣고 골고루 섞으며 1분간 볶은 후 불을 끄고 참기름, 통깨를 넣어 골고루 섞는다.
6. 볼에 현미밥, 밥 양념 재료를 넣고 골고루 섞어 한 김 식힌다.
7. 김밥 김의 3/4지점까지 밥을 골고루 펼쳐 올린 후 오이를 올려 돌돌 만다.
   * 김밥 김 끝에 물을 약간 묻혀 접착력을 높이면 좋아요.
8. 통오이 김밥을 먹기 좋은 크기로 썰어 팽이버섯 참치쌈장을 올린다.

Tip
통오이가 부담된다면?
채 썬 오이나 채 썬 파프리카를 넣어도 좋아요.

저탄수 김밥롤

501 kcal · NO 불조리 · 고 식이섬유 · 탄수화물 49.0% · 단백질 25.7% · 지방 25.3%

셀러리잎 게맛살 샐러드 김밥롤 + 두부크림 디핑소스

건강한 식재료의 대명사 중 하나인 셀러리는 채소 스틱으로 주로 활용하는데요,
이때 셀러리 잎이 꼭 남게 되더라고요. 셀러리 줄기가 아삭한 수분감이 느껴진다면
잎 부분은 응축된 향이 아주 매력적이에요. 불조리 없이 간단하고
싱그럽게 즐기는 김밥롤에 두부로 만든 고소한 디핑소스를 곁들여보세요.

저탄수 김밥롤

1인분 / 15~20분

- 김밥 김 1장
- 따뜻한 현미밥 약 1/4공기
  (또는 잡곡밥, 60g)
- 셀러리잎 1줌(또는 루꼴라, 50g)

게맛살 샐러드
- 게맛살 짧은 것 4개
  (또는 통조림 참치 작은 것, 80g)
- 통조림 옥수수 2큰술
  (또는 다진 파프리카, 20g)
- 다진 적양파 1큰술(또는 다진 양파)
- 그릭 요거트 1큰술
  (또는 하프 마요네즈)
- 홀그레인 머스터드 1/2큰술
- 통후추 간 것 약간

두부크림 디핑소스
- 생식두부 1팩(140g)
- 통깨 2큰술
- 다진 땅콩 1큰술(또는 다른 견과류, 무첨가 땅콩버터 1작은술)
- 레몬즙 1/2큰술
- 알룰로스 1/2큰술(또는 올리고당)
- 소금 1/3작은술
- 올리브유 1작은술
- 통후추 간 것 약간

밥 양념
- 참기름 1작은술
- 소금 약간
- 통깨 약간

1 셀러리 잎은 김밥 김 길이와 비슷하게 길게 2등분한다.
   게맛살은 결대로 찢는다.
2 볼에 ①의 게맛살, 나머지 게맛살 샐러드 재료를 넣어 골고루 섞는다.
3 푸드 프로세서에 두부크림 디핑소스 재료를 넣어 곱게 간다.
4 볼에 현미밥, 밥 양념 재료를 넣고 골고루 섞어 한 김 식힌다.
5 김밥 김의 3/4지점까지 밥을 골고루 펼쳐 올린 후 셀러리 잎을 펼쳐 올린다.
6 셀러리 잎 가운데에 ②의 게맛살 샐러드를 올린다. 돌돌 말아 먹기 좋은 크기로 썬다.
   두부크림 디핑소스에 찍어 먹는다.
   * 김밥 김 끝에 물을 약간 묻혀 접착력을 높이면 좋아요.

Tip
두부크림 디핑소스 활용하기
디핑소스 레시피는 넉넉한 양이에요.
남은 디핑소스에 셀러리 스틱이나
채소 스틱을 찍어 먹어도 좋습니다.
샐러드 드레싱으로 활용해도 어울려요.
냉장고에서 2~3일 보관 가능해요.

555 kcal 트렌디 메뉴 고 식이섬유 저자 추천   탄수화물 48.1%   단백질 29.7%   지방 22.0%

☑ 김쌈으로 즐기기 86쪽

연어 아보카도 후토마키롤
+ 와사비 간장

후토마키는 일본어로 '굵다'는 뜻의 '후토(ふと)'와 '말다'라는 뜻의 '마키(まき)'가 합쳐진 말로, 김에 굵게 말아 먹는 음식을 칭합니다. 우리나라에서는 일식집에서 각종 생선과 튀김, 채소 등을 넣어 화려하고 굵게 말아 만든 음식으로 알려져 있죠. 집에서 만들어 먹기 쉽게 간단한 버전으로 개발했으니 한번 도전해보세요.

저탄수 김밥롤

1인분 / 20~25분

- 김밥 김 2장
- 따뜻한 현미밥 1/2공기
  (또는 잡곡밥, 100g)
- 생연어 약 1/4토막(횟감, 또는
  참치회, 훈제연어, 게맛살, 70g)
- 달걀 2개
- 아보카도 1/2개(100g)
- 오이 1/4개(또는 파프리카, 50g)
- 쪽파 5줄기(또는 양파 1/10개, 25g)
- 양파 플레이크 1큰술
  (또는 마늘 플레이크, 생략 가능)
- 맛술 1작은술
- 소금 약간
- 식용유 약간

와사비 간장
- 연와사비 1작은술
  (또는 연겨자, 기호에 따라 가감)
- 알룰로스 1작은술(또는 올리고당)
- 식초 1큰술
- 양조간장 1큰술
- 참기름 약간
- 후춧가루 약간

밥 양념
- 소금 1/4작은술
- 알룰로스 1작은술(또는 올리고당)
- 식초 1작은술

1 아보카도는 손질하여 2cm 두께로 썬다.
   연어는 길게 2~4등분하고, 오이는 가늘게 채 썬다.

2 볼에 달걀과 맛술, 소금을 넣어 푼다. 작은 볼에 와사비 간장 재료를 넣어 섞는다.

3 약한 불로 달군 팬에 식용유를 키친타월로 펴 바른다.
   달걀물을 팬에 붓고 기울여 달걀물이 고루 퍼지게 한다.
   약한 불에서 30초~1분간 윗면을 익힌 후 돌돌 만다.

4 볼에 현미밥, 밥 양념 재료를 넣고 골고루 섞어 한 김 식힌다.

5 김밥 김 1장에 ③의 달걀말이, 오이, 연어, 쪽파, 아보카도를 올린 후
   양파 플레이크를 뿌리고 돌돌 만다.

6 다른 김밥 김 1장에 3/4지점까지 밥을 고르게 펼쳐 올린다. ⑤의 재료 말이를
   올린 후 돌돌 말아 먹기 좋은 크기로 썬다. 와사비 간장 소스에 찍어 먹는다.
   ＊ 김밥 김 끝에 물을 약간 묻혀 접착력을 높이면 좋아요.

Tip

아보카도 손질하기
❶ 아보카도 씨에 칼이 닿도록 깊숙하게
   꽂은 후 돌려가며 칼집을 내요.
❷ 아보카도를 비틀어서 두 쪽으로 나눠요.
❸ 씨는 칼날을 꽂고 고정한 후
   비틀어 제거해요.
❹ 손으로 껍질을 제거하거나 숟가락을
   껍질 속에 깊숙이 넣어 과육을 퍼내요.

467 kcal 저자추천   탄수화물 46.9% 단백질 28.0% 지방 25.1%

✓ 볶음밥으로 즐기기 87쪽

앤초비 바질 김밥롤

'유럽식 젓갈'이라고도 불리는 앤초비는 청어, 멸치와 같은 생선을 소금과 기름에 절여 만든
저장 음식입니다. 다소 낯설 수 있으니 생으로 넣는 대신 기름에 향채와 함께 볶아 풍미를 가다듬었고,
달걀을 부드럽게 함께 익혔어요. 바질을 듬뿍 넣으면 재료들의 어우러짐이 아주 좋답니다.
탄단지 밸런스가 완벽한 이색 김밥롤에 도전해보세요.

저탄수 김밥롤

1인분 / 20~25분

- 김밥 김 1장
- 따뜻한 현미밥 1/2공기
  (또는 잡곡밥, 100g)
- 달걀 2개
- 바질 잎 20g(또는 루꼴라 1줌)
- 닭가슴살 슬라이스 햄 4장
  (또는 슬라이스 치즈 2장, 20g)
- 앤초비 2마리
  (또는 까나리액젓 1작은술, 10g)
- 올리브유 1/2큰술
- 다진 마늘 1큰술
- 크러시드 페퍼 1/2작은술
  (생략 가능, 기호에 따라 가감)

밥 양념

- 그라나파다노 치즈 간 것 1큰술
  (또는 파마산 치즈 가루)
- 올리브유 1작은술
- 통후추 간 것 약간

1 바질 잎은 가볍게 물에 헹궈 체에 받쳐 물기를 완벽하게 제거한다.

2 달군 팬에 올리브유를 두르고 다진 마늘을 넣어 중약 불에서 1분간 볶은 후 앤초비, 크러시드 페퍼를 넣어 앤초비를 으깨가며 1분간 더 볶아 향을 낸다.

3 ②의 팬에 달걀을 깨뜨려 넣고 중간 불로 올려 2분간 스크램블하듯 저어준다.

4 볼에 현미밥, 밥 양념 재료를 넣고 골고루 섞어 한 김 식힌다.

5 김밥 김의 4/5지점까지 ④의 밥을 고르게 펼친다.
   닭가슴살 슬라이스 햄을 깔고 ③의 앤초비 스크램블을 올린다.

6 닭가슴살 슬라이스 햄으로 스크램블을 감싸고 바질 잎을 듬뿍 올린다.
   돌돌 말아 먹기 좋은 크기로 썬다.

   * 김밥 김 끝에 물을 약간 묻혀 접착력을 높이면 좋아요.

Tip

앤초비가 아직 낯설다면?
과정 ②에서 앤초비 대신
액젓이나 피시소스를 넣어
감칠맛만 조금 더해도 좋아요.

351 kcal 초간단 고식이섬유   탄수화물 33.8%   단백질 33.8%   지방 32.5%

두부면 샐러드 김밥롤 + 쌈장 마요 디핑소스

밥 대신 두부면을 사용해 만든 저탄수 김밥롤이에요. 아삭한 파프리카와 쫄깃한 유부 조림을 넣어 풍부한 식감을 더했고, 쌈장 마요 디핑소스를 곁들여 전체적으로 풍미를 업그레이드했답니다. 시판 유부초밥 키트를 활용해 불조리 없이 간편하게 만들 수 있으니 바쁜 날 활용하세요.

저탄수 김밥롤

1인분 / 15~20분

- 김밥 김 1장
- 두부면 1팩(100g)
- 시판 유부초밥 세트 1인분
- 파프리카 1/2개(또는 오이, 100g)
- 깻잎 10장(또는 쌈 채소, 20g)

쌈장 마요 디핑소스
- 유부초밥 밥 양념 1큰술
- 유부초밥 후리가케
- 하프 마요네즈 1큰술
- 쌈장 1큰술
- 후춧가루 약간

1 두부면은 체에 밭쳐 물기를 최대한 제거한다.
  작은 볼에 쌈장 마요 디핑소스 재료를 넣어 섞는다.

2 파프리카는 0.5cm 두께로 채 썰고, 유부 조림은 물기를 짠 후 0.5cm 두께로 채 썬다.

3 김밥 김의 3/4지점까지 두부면을 고루 펼쳐 올린 후 깻잎을 올린다.

4 파프리카, 유부 조림을 올린다. 돌돌 말아 먹기 좋은 크기로 썬다.
  쌈장 마요 디핑소스에 찍어 먹는다.
  * 김밥 김 끝에 물을 약간 묻혀 접착력을 높이면 좋아요.

Tip

시판 유부초밥 세트 대신 시판 익힌 닭가슴살 활용하기
❶ 유부 대신 시판 익힌 닭가슴살을 결대로 찢은 후
   참기름 1작은술, 소금 약간에 버무려 과정 ④에 올려도 좋아요.
❷ 쌈장 마요 디핑소스는 쌈장 1큰술, 하프 마요네즈 1큰술, 레몬즙 1/2큰술,
   알룰로스 1작은술(또는 올리고당), 후춧가루 약간으로 만들어 곁들여요.

쌈장 직접 만들기
시판 쌈장 대신 고추장 1/2큰술, 된장 1작은술(염도에 따라 가감), 알룰로스 1작은술
(또는 올리고당), 다진 마늘 1작은술, 참기름 약간을 골고루 섞어 활용해도 돼요.

462 kcal 초간단 고단백　　탄수화물 27.8%　단백질 38.2%　지방 33.9%

매콤 두부면 키토 김밥롤

시장 맛집으로 유명한 어묵볶음 김밥을 두부면으로 건강하게 업그레이드시켰어요.
매콤한 두부면이 어묵볶음의 빈자리를 채우고, 감칠맛까지 더해줘요.
달걀지단을 함께 넣어 부드럽게 먹을 수 있는 키토 김밥이랍니다.

저탄수 김밥롤

1인분 / 20~25분

- 김밥 김 2장
- 두부면 1팩(100g)
- 달걀 2개
- 깻잎 6장(또는 쌈 채소, 12g)
- 소금 약간
- 식용유 1작은술 + 1작은술

매콤 두부 양념
- 다진 청양고추 1개분
  (생략 가능, 기호에 따라 가감)
- 다진 마늘 1/2큰술
- 생수 1큰술
- 고춧가루 1큰술
- 양조간장 1큰술
- 맛술 1큰술
- 알룰로스 1작은술(또는 올리고당)
- 참기름 1작은술
- 후춧가루 약간
- 통깨 약간

1 두부면은 체에 밭쳐 물기를 제거한다.

2 볼에 달걀, 소금을 넣어 푼다. 다른 볼에 매콤 두부 양념 재료를 넣어 섞는다.

3 달군 팬에 식용유 1작은술을 두르고 ②의 달걀물을 부어
   중약 불에서 앞뒤로 1분간 익힌 후 덜어둔다.

4 팬을 닦고 다시 달궈 식용유 1작은술을 두르고 ①의 두부면을 넣어
   중간 불에서 1분, ②의 매콤 두부 양념을 넣어 1분간 볶는다.

5 김은 3등분하고, 달걀은 2등분한 후 가늘게 채 썬다.
   * 김은 가로 길이로 3등분해야 미니 김밥 말기에 좋아요.

6 김에 깻잎 1장, ⑤의 달걀지단과 ④의 매콤 두부면 볶음 1/6분량씩을 올려 돌돌 만다.
   같은 방법으로 5개 더 만든다.
   * 김밥 김 끝에 물을 약간 묻혀 접착력을 높이면 좋아요.

459 kcal 　　　　　탄수화물 45.9%　　단백질 25.3%　　지방 28.8%

오이 메밀면 김밥롤

'소바마끼'는 밥 대신 메밀면을 김에 깔고 새우튀김과 각종 채소를 넣어 말아 먹는 일식 메뉴예요.
집에서 손쉽게 영양 밸런스를 맞춰 먹을 수 있는 김밥롤로 재구성해보았습니다.
양념에 절인 오이로 감칠맛과 식감을 채웠고, 튀김 대신 양파 플레이크를 넣어 바삭함을 더했어요.

저탄수 김밥롤

1인분 / 20~25분

- 김밥 김 1장
- 메밀면 1줌(50g)
- 달걀 2개
- 오이 1개(작은 것, 150g)
- 양파 플레이크 1큰술(생략 가능)
- 맛술 1/2큰술
- 소금 1/2작은술 + 약간
- 후춧가루 약간
- 식용유 약간

면 밑간
- 양조간장 1/2큰술
- 알룰로스 1작은술(또는 올리고당)
- 참기름 1작은술

땅콩 소스
- 무첨가 땅콩버터 1큰술
- 양조간장 1/2큰술
- 식초 1/2큰술
- 알룰로스 1작은술

1 오이는 0.5cm 두께의 모양대로 썰고 소금 1/2작은술을 넣어 10분간 절인 후 물기를 꼭 짠다.
볼에 달걀을 풀고 맛술, 소금 약간, 후춧가루를 넣어 골고루 섞는다.

2 냄비에 메밀면 삶을 물 5컵을 끓인다. 물이 끓으면 메밀면을 넣고 포장지에 적힌
시간만큼 삶는다. 삶은 면은 체에 밭쳐 찬물에 여러 번 헹구고 물기를 제거한다.

3 넓은 접시에 ②의 메밀면, 면 밑간 재료를 넣어 골고루 섞은 후 최대한 넓게 펼쳐 수분감을 날린다.
★ 메밀면의 수분을 최대한 제거해야 김밥 김이 눅눅하지 않고, 돌돌 말기 수월해요.

4 약한 불로 달군 팬에 식용유를 키친타월로 펴 바른다. 달걀물을 팬에 붓고 기울여
달걀물이 고루 퍼지게 한다. 약한 불에서 30초~1분간 윗면을 익힌 후 돌돌 만다.

5 볼에 땅콩 소스 재료를 넣어 섞은 후 ①의 절인 오이를 넣고 가볍게 버무린다.

6 김밥 김의 3/4지점까지 ③의 메밀면을 고르게 펼쳐 올린다. ④의 달걀말이,
⑤의 절인 오이, 양파 플레이크를 올린다. 돌돌 말아 먹기 좋은 크기로 썬다.
★ 김밥롤을 말 때 오이가 밖으로 튀어나오지 않도록 가운데 부분에
좀 더 소복하게 올린 후 말아요.
★ 김밥 김 끝에 물을 약간 묻혀 접착력을 높이면 좋아요.

Tip

메밀면 대신 두부면 활용하기
메밀면 대신 두부면 1팩(100g)으로
대체해도 좋아요. 면 삶는 과정은
생략하고, 체에 밭쳐 물기를 뺀
두부면을 과정 ③부터 동일하게
만들면 됩니다.

382 kcal 초간단 고식이섬유   탄수화물 45.5%   단백질 25.7%   지방 28.9%

양배추 오트밀 김밥롤

탄수화물은 물론 단백질까지 채울 수 있는 오트밀을 활용한 김밥롤이에요.
볶은 양배추에 오트밀 달걀물을 부어 밥 대신 사용했습니다.
속재료로 사용한 당근 라페는 아삭한 식감과 청량한 느낌을 더해줘요.
밥이 들어간 김밥 못지않게 든든하게 즐길 수 있는 밸런스 건강롤이랍니다.

저탄수 김밥롤

1인분 / 15~20분

- 김밥 김 1장
- 달걀 2개
- 양배추 2장(손바닥 크기, 또는 당근, 양파 등의 자투리 채소, 60g)
- 당근 라페 1/2컵(또는 양배추 라페, 50g)
  * 만들기 30쪽
- 오트밀 약 1/3컵(30g)
- 쌈케일 4장(손바닥 크기, 또는 쌈 채소, 20g)
- 소금 1/3 작은술
- 통후추 간 것 약간
- 올리브유 1작은술

1 볼에 달걀을 넣어 풀고 오트밀, 소금, 통후추 간 것을 넣어 섞는다.

2 양배추는 0.5cm 두께로 채 썬다.

3 달군 팬에 올리브유를 두르고 양배추를 넣어 중간 불에서 1분간 숨이 죽도록 볶는다.

4 ③의 팬에 ①의 오트밀 달걀물을 부어 편평한 사각모양으로 만들고 약한 불에서 2분, 뒤집어서 1분간 익혀 한 김 식힌다.
   * 김밥 김보다 3~4cm 작은 크기로 만들면 김밥 끝이 깔끔하게 말려요.

5 김밥 김에 ④의 달걀을 올린 후 쌈케일을 펼쳐 올린다.

6 쌈케일 위에 당근 라페를 올린다. 돌돌 말아 먹기 좋은 크기로 썬다.
   * 수분감이 많은 라페는 물기를 꼭 짠 후 사용해야 김밥롤이 눅눅해지지 않아요.
   * 김밥 김 끝에 물을 약간 묻혀 접착력을 높이면 좋아요.

Tip

오트밀 대신 현미밥 사용하기
오트밀 대신 동량의 현미밥을 사용하여 밥전처럼 만들어도 좋아요.

+PLUS RECIPE
김밥롤 레시피 응용하기

[**돌돌 말 시간이 없다면,**
쌈이나 원볼로 간편하게]

각자 싸서 먹도록 김쌈으로 준비해요

큰 접시에 모든 속재료를 먹기 좋게 썰어 담고
밥은 양념이 필요한 경우 양념해 각자 담아요.
김은 싸 먹기 좋은 크기로 4~6등분해 함께 식탁에 올려요.
각자 김에 원하는 속재료를 올려 김쌈으로 즐기고,
각 메뉴에서 제안한 소스가 있다면 함께 곁들입니다.
김쌈은 김을 더 많이 먹게 되니 김은 넉넉히 준비해요.

▶ **이 김밥롤에 어울리는 응용법이에요**
42쪽 LA 김밥롤 / 48쪽 오이고추 훈제오리 김밥롤
54쪽 아삭 콩나물 쇠고기 김밥롤 / 74쪽 연어 아보카도 후토마키롤
78쪽 두부면 샐러드 김밥롤 / 82쪽 오이 메밀면 김밥롤

비빔밥이나 덮밥으로 즐겨요

볼에 밥과 속재료를 넣고 양념이나 소스를 뿌려
비빔밥이나 덮밥으로 먹어도 맛있어요.
김밥 김 대신 김가루를 올리면 더 잘 비벼지고,
달걀지단 대신 달걀 프라이나 스크램블로 만들어
촉촉함을 살려도 좋습니다.

▶ **이 김밥롤에 어울리는 응용법이에요**
38쪽 버섯 통들깨 김밥롤 / 40쪽 치킨마요 김밥롤
50쪽 미나리 갈비 김밥롤 / 52쪽 양배추겉절이 대패 김밥롤
54쪽 아삭 콩나물 쇠고기 김밥롤 / 61쪽 달걀말이 멸추 견과 김밥롤

볶음밥으로 만들어도 잘 어울려요

볶은 속재료가 들어간다면 밥까지 함께 볶아
볶음밥으로 완성해도 좋아요. 이때 재료들은
굵게 다지거나 채 썰어 익힘 정도를 고루 맞춰요.
생으로 들어가는 속재료(바질, 깻잎 등)는
마지막에 넣어 가볍게 익히거나 채 썰어 생으로 올려요.

✓ 이 김밥롤에 어울리는 응용법이에요

36쪽 팽이버섯 달걀전 김밥롤 / 46쪽 올리브 소시지 김밥롤
56쪽 페퍼 불고기 콘치즈 김밥롤 / 66쪽 브로콜리 참치 김밥롤
76쪽 앤초비 바질 김밥롤

밥 빼고 샐러드로 즐겨요

큰 볼에 밥, 밥 양념, 김을 제외한 나머지 재료를
한입 크기로 썰어 넣고 소스에 버무려요.
밥을 빼서 소스가 강할 수 있으니 샐러드 채소를
더 추가해요. 다진 견과류, 치즈 간 것,
양파 플레이크 등을 더하면 더 맛있고 든든해요.

✓ 이 김밥롤에 어울리는 응용법이에요

42쪽 LA 김밥롤 / 44쪽 토마토 바질 닭가슴살 김밥롤
58쪽 쇠고기 비트 김밥롤 / 60쪽 카레새우 꼬다리 김밥롤
72쪽 셀러리잎 게맛살 샐러드 김밥롤

면이 들어간다면 누들볼로 만들어요

면이 들어가는 메뉴는 비빔면으로 변신 가능해요.
김을 제외한 모든 재료와 양념을 레시피대로 준비해
큰 볼에 담아 비비면 끝! 김가루를 더하면 감칠맛이 좋아져요.
또한 면을 사용하지 않은 메뉴도
밥 대신 메밀면 1줌(50g)을 삶아 누들볼을 만들면
탄단지 밸런스가 맞는답니다.

✓ 이 김밥롤에 어울리는 응용법이에요

74쪽 연어 아보카도 후토마키롤 / 78쪽 두부면 샐러드 김밥롤
80쪽 매콤 두부면 키토 김밥롤 / 82쪽 오이 메밀면 김밥롤

+PLUS RECIPE

[**속재료가 남았다면,**
다른 쌈재료로 돌돌 말아 새롭게]

김 대신 채소로 돌돌 말아요

속재료를 쌈 채소나 찐 양배추 등으로 말아
채소롤로 만들어도 좋아요.
간편하게 채소쌈으로 차려도 좋고요.
채소의 종류나 양에 따라 간이 싱거울 수 있으니
밥 양념을 조금 더 간간히 하거나 쌈장을 곁들여요.

이 김밥롤에 어울리는 응용법이에요
48쪽 오이고추 훈제오리 김밥롤
54쪽 아삭 콩나물 쇠고기 김밥롤 / 68쪽 참치쌈장 통오이 김밥롤
78쪽 두부면 샐러드 김밥롤

김 대신 라이스페이퍼로 돌돌 말아요

김과 밥을 제외한 속재료를 레시피대로 준비한 후
물에 불린 라이스페이퍼(4~6장)에 올려
돌돌 말아요. 김도 작게 잘라 함께 넣어도 돼요.
메뉴의 디핑소스를 곁들이거나,
간단 양념장(양조간장 1큰술 + 1작은술
+ 연겨자 1/2작은술)을 준비해 찍어 먹어요.

이 김밥롤에 어울리는 응용법이에요
34쪽 당근 김밥롤 / 48쪽 오이고추 훈제오리 김밥롤
50쪽 미나리 갈비 김밥롤 / 74쪽 연어 아보카도 후토마키롤
82쪽 오이 메밀면 김밥롤

김 대신 또띠아로 돌돌 말아요

또띠아가 탄수화물 재료이니 밥의 양을
60g으로 줄이거나 밥 대신 채소를 더 넣어
포만감이 부족하지 않게 만들어요.
또띠아 특유의 향이 날 수 있으니 양념은 줄이지 않아요.
멕시칸 요리인 부리토처럼 또띠아로 감싼 후
약한 불에 구워도 별미랍니다.

✅ **이 김밥롤에 어울리는 응용법이에요**

42쪽 LA 김밥롤 / 56쪽 페퍼 불고기 콘치즈 김밥롤
60쪽 카레새우 꼬다리 김밥롤
72쪽 셀러리잎 게맛살 샐러드 김밥롤
76쪽 앤초비 바질 김밥롤 / 84쪽 양배추 오트밀 김밥롤

김 대신 유부로 돌돌 말아요

속재료를 조미된 유부의 길이에 맞게 자른 후
유부에 올려 돌돌 말아요.
유부 자체에 탄수화물이 포함되어 있으니
이때 밥의 양은 반으로 줄이거나
밥 없이 속재료만 넉넉히 넣어 말아도 좋습니다.

✅ **이 김밥롤에 어울리는 응용법이에요**

34쪽 당근 김밥롤 / 46쪽 올리브 소시지 김밥롤
50쪽 미나리 갈비 김밥롤 / 58쪽 쇠고기 비트 김밥롤
72쪽 셀러리잎 게맛살 샐러드 김밥롤
80쪽 매콤 두부면 키토 김밥롤

CHAPTER 2

통밀 또띠아 롤

고소한 통밀 또띠아 한 장에 맛과 영양 밸런스를 꽉 채운 또띠아롤은
샌드위치 대용으로 활용하기 좋아요. 샌드위치의 두툼한 식빵이
부담스러웠다면 얇은 또띠아를 활용해 즐겨보세요. 통밀 또띠아에
다양한 단백질과 채소를 채운 또띠아롤은 한 끼 식사로 충분한 포만감을
준답니다. 함께 소개된 스프레드는 맛을 더 조화롭게 하는 것은 물론,
또띠아와 속재료의 접착력을 높이는 역할도 해요.

504 kcal 초간단 냉동 고식이섬유   탄수화물 46.7%   단백질 26.5%   지방 26.8%

으깬 당근과 단호박 또띠아롤

익힌 당근 요리를 즐겨 먹습니다. 당근을 익혀 건강한 지방과 함께 먹으면
영양소의 체내 흡수율도 높아지고 감칠맛도 좋아지거든요.
찜기에 익힌 당근과 단호박을 으깨어 건강한 샐러드 느낌을 구현했습니다.
다진 견과류와 요거트, 치즈를 넣어 영양 밸런스를 맞춘 또띠아롤을 만들어보세요.

통밀 또띠아롤

1인분 / 20~25분

- 통밀 또띠아 1장(20cm)
- 단호박 약 1/8개
  (또는 감자, 고구마, 100g)
- 당근 약 1/3개(70g)
- 달걀 1개
- 그릭 요거트 3큰술(또는 하프 마요네즈)
- 견과류 다진 것 2큰술
- 그라나파다노 치즈 간 것 2큰술
- 알룰로스 1큰술(또는 올리고당)
- 소금 1/3작은술
- 통후추 간 것 약간

1. 찜기에 물 3컵을 끓인다. 당근과 단호박은 한입 크기로 썰고
   충분히 김이 오른 찜기에 넣어 중간 불에서 10분간 찐다.
2. 냄비에 달걀과 잠길 정도의 물을 붓는다. 센 불에서 끓어오르면
   약한 불로 줄여 12분간 삶은 후 찬물에 담가 식히고 껍데기를 벗긴다.
3. 볼에 익힌 당근, 단호박, 달걀을 넣어 포크나 매셔로 으깬 후
   또띠아를 제외한 모든 재료를 넣어 골고루 섞는다.
4. 달군 팬에 기름을 두르지 않고 또띠아를 넣어
   약한 불에서 앞뒤로 각각 30초씩 구운 후 덜어둔다.
   * 또띠아를 구운 후 위생팩에 넣어 두면 마르지 않아요.
5. 또띠아에 ③을 올려 골고루 편다. 또띠아 양옆을 접고 돌돌 말아 먹기 좋은 크기로 썬다.
   * 가장자리에 으깬 속재료를 얇게 올려야 속재료가 삐져나오지 않아요.
   * 양옆을 접지 않고 사진처럼 김밥 말듯이 돌돌 말아 먹기 좋은 크기로 썰어도 좋아요.
   * 단단하게 말고 싶다면 요리 랩을 활용해 고정시켜도 좋아요.

Tip

전자레인지로 채소 익히기
내열용기에 당근, 단호박, 물 2큰술을
넣고 뚜껑을 덮어 전자레인지에서
3분간 익혀요. 재료들을 뒤집은 후
다시 뚜껑을 덮고 3분간 더 익힙니다.

전자레인지로 달걀 익히기
내열용기에 달걀을 깨뜨려 넣고
뚜껑을 덮어 전자레인지에서
1분 30초간 익혀요. 이때 달걀이
터지지 않게 노른자를 포크나
젓가락으로 찔러줍니다.
익힌 달걀은 과정 ③에서 활용해요.

넉넉하게 만들어 냉동하기
완성한 또띠아롤은 밀폐용기에 넣어
냉동으로 한 달간 보관 가능해요.
별도의 해동 없이 180℃로 예열한
오븐 또는 에어프라이어에 넣고 7분,
뒤집어 7~10분간 구워요.

458 kcal 고식이섬유   탄수화물 40.7%   단백질 28.8%   지방 30.6%

굿모닝 또띠아롤 + 스리라차 요거트 스프레드

부드러운 스크램블 에그와 쫄깃 버섯볶음을 주재료로
바쁜 아침에도 간단하게 만들 수 있어 '굿모닝 또띠아롤'이라는 이름을 붙였습니다.
매콤하면서 가벼운 스리라차 요거트 스프레드가 킥이랍니다.

통밀 또띠아롤

1인분 / 20~25분

- 통밀 또띠아 1장(20cm)
- 달걀 2개
- 샐러드 채소 30g(또는 쌈 채소 6장)
- 쫄깃 버섯볶음 약 1/2컵(25g)
  ★ 만들기 30쪽
- 슈레드 피자 치즈 3큰술
  (또는 슬라이스 치즈 1장, 30g)
- 소금 약간
- 통후추 간 것 약간
- 올리브유 1작은술

방울토마토 간단 절임
- 방울토마토 3개(또는 파프리카, 45g)
- 다진 적양파 1큰술(또는 다진 양파)
- 소금 약간
- 통후추 간 것 약간

스리라차 요거트 스프레드
- 그릭 요거트 1큰술(또는 하프 마요네즈)
- 스리라차 소스 1큰술(기호에 따라 가감)
- 알룰로스 1/2큰술(또는 올리고당)
- 소금 약간
- 통후추 간 것 약간

1. 방울토마토는 굵게 다져 볼에 넣고, 나머지 방울토마토 간단 절임 재료를 넣어 섞는다.
2. 볼에 달걀과 소금, 통후추 간 것을 넣어 푼다.
   작은 볼에 스리라차 요거트 스프레드 재료를 넣어 섞는다.
3. 달군 팬에 기름을 두르지 않고 또띠아를 넣어 약한 불에서 앞뒤로 각각 30초씩 구운 후 덜어둔다.
   ★ 또띠아를 구운 후 위생팩에 넣어 두면 마르지 않아요.
4. 달군 팬에 올리브유를 두르고 ②의 달걀을 넣어 약한 불에서 30초간 그대로 둔 후
   1분간 스크램블하듯 저어가며 익힌다. 슈레드 피자 치즈를 넣어 가볍게 섞는다.
5. 또띠아에 스리라차 요거트 스프레드를 골고루 펴 바른 후
   샐러드 채소, 쫄깃 버섯볶음을 올린다.
6. ④의 달걀, ①의 방울토마토 간단 절임을 올린다.
   또띠아 양옆을 접고 돌돌 말아 먹기 좋은 크기로 썬다.
   ★ 양옆을 접지 않고 사진처럼 김밥 말듯이 돌돌 말아 먹기 좋은 크기로 썰어도 좋아요.
   ★ 단단하게 말고 싶다면 요리 랩을 활용해 고정시켜도 좋아요.

Tip

맵지 않게 만들기
스리라차 요거트 스프레드 대신
하프 토마토케첩으로 대체해요.
이때, 양은 1/2큰술만 사용해야
당도가 맞아요.

389 kcal 트렌디 메뉴 고 식이섬유

탄수화물 43.9% 단백질 32.1% 지방 23.9%

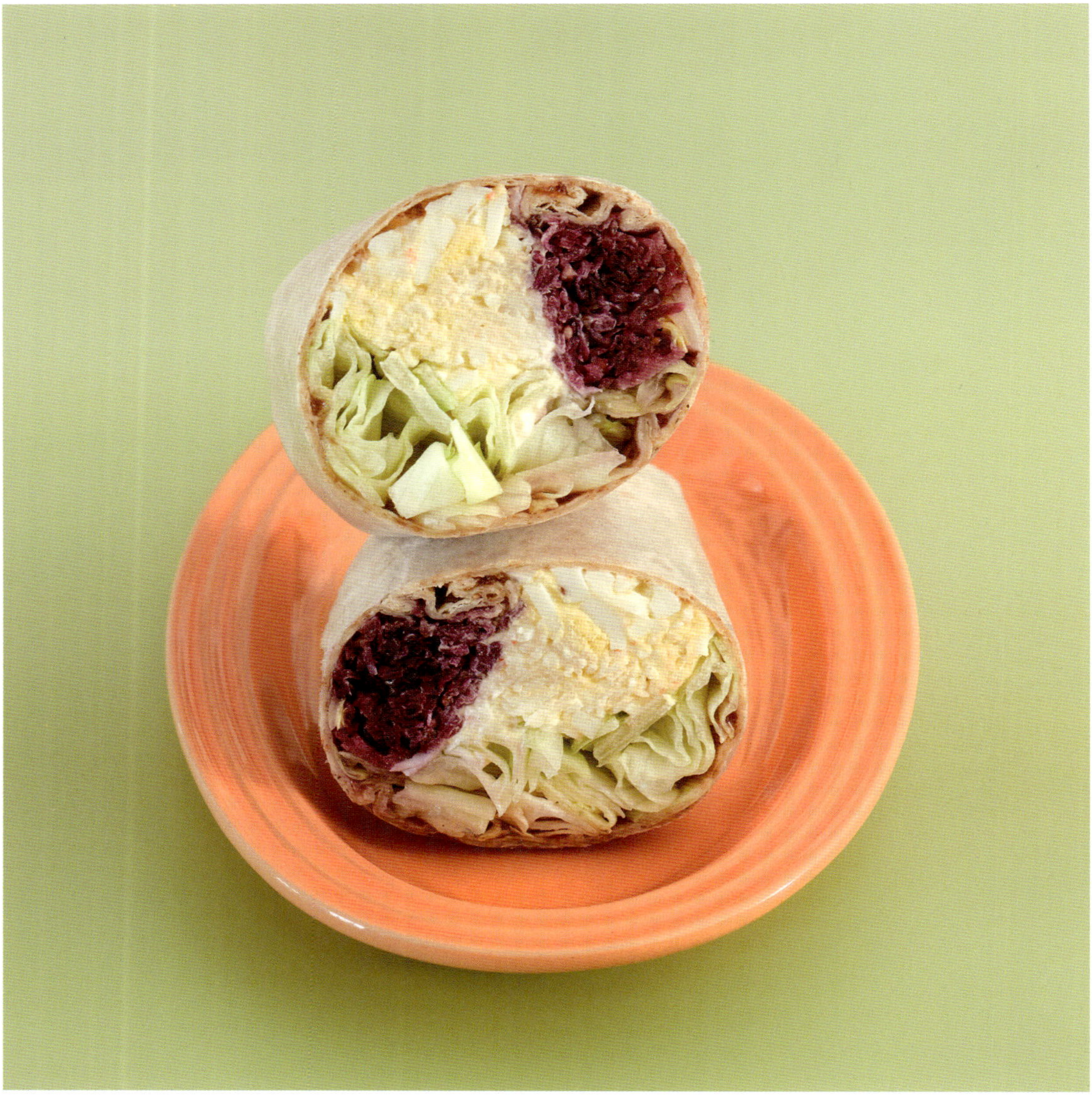

양배추 라페 또띠아롤

한때 전 국민의 샌드위치였던 '인기가요 샌드위치'를 가벼운 밸런스 또띠아롤로 만들었어요.
게맛살은 요거트 소스에 상큼하게 버무리고, 양배추 라페로 아삭함을 더했습니다.
양상추로 포만감과 청량감을, 딸기잼 스프레드로 기분 좋은 달콤함까지 느낄 수 있는 메뉴예요.
딸기잼은 당분이 적은 저당 제품을 사용하면 좋아요.

1인분 / 20~25분

- 통밀 또띠아 1장(20cm)
- 달걀 2개
- 게맛살 짧은 것 2개(또는 닭가슴살 슬라이스 햄, 40g)
- 양상추 3장(손바닥 크기, 또는 샐러드 채소, 45g)
- 양배추 라페 약 1/3컵 (또는 당근 라페, 30g)
  * 만들기 30쪽
- 저당 딸기잼 1큰술 (또는 다른 과일잼)

요거트 소스
- 그릭 요거트 2큰술 (또는 하프 마요네즈)
- 소금 1/3작은술
- 통후추 간 것 약간

1 냄비에 달걀과 잠길 정도의 물을 붓는다. 센 불에서 끓어오르면 약한 불로 줄여 12분간 삶은 후 찬물에 담가 식히고 껍데기를 벗긴다.

2 양상추는 1cm 두께로 썰고, 게맛살은 결대로 찢는다.

3 볼에 ①의 달걀을 넣고 포크나 매셔로 으깬 후 ②의 게맛살, 요거트 소스 재료를 넣어 골고루 섞는다.

4 달군 팬에 기름을 두르지 않고 또띠아를 넣어 약한 불에서 앞뒤로 각각 30초씩 구운 후 덜어둔다.
  * 또띠아를 구운 후 위생팩에 넣어 두면 마르지 않아요.

5 또띠아에 저당 딸기잼을 골고루 펴 바른다.

6 양상추, 양배추 라페, ③의 요거트 달걀을 올린다. 또띠아 양옆을 접고 돌돌 말아 절반으로 썬다.
  * 단단하게 말고 싶다면 요리 랩을 활용해 고정시켜도 좋아요.

Tip

전자레인지로 달걀 익히기
내열용기에 달걀을 깨뜨려 넣고 뚜껑을 덮어 전자레인지에서 1분 30초간 익혀요. 이때 달걀이 터지지 않게 노른자를 포크나 젓가락으로 찔러줍니다. 익힌 달걀은 과정 ③에서 활용해요.

427 kcal　NO 불조리　고단백　고 식이섬유　　　탄수화물 45.3%　단백질 38.6%　지방 16.1%

닭가슴살 코울슬로 또띠아롤

프라이드 치킨의 영원한 단짝, 코울슬로는 닭고기와 어우러짐이 좋아요.
이를 응용해 담백한 닭가슴살과 양배추를 넣은 또띠아롤로 만들었습니다.
코울슬로에는 새콤한 사과를 더해 맛의 포인트를 주고,
마요네즈 대신 요거트로 더욱 건강하게 업그레이드시켰답니다.

1인분 / 15~20분

- 통밀 또띠아 1장(20cm)
- 시판 익힌 닭가슴살 1개
  (또는 닭가슴살, 100g)
- 양배추 2장(손바닥 크기,
  또는 알배기 배추 60g)
- 사과 1/4개(또는 오이, 파프리카, 50g)
- 당근 라페 약 1/3컵
  (또는 양배추 라페, 30g)
  ★ 만들기 30쪽
- 통조림 옥수수 2큰술(생략 가능)
- 로메인 6장(또는 쌈 채소, 30g)

땅콩 요거트 소스
- 그릭 요거트 2큰술(또는 하프 마요네즈)
- 무첨가 땅콩버터 1큰술
- 레몬즙 1/2큰술
- 식초 1작은술
- 알룰로스 1작은술(또는 올리고당)
- 소금 약간
- 통후추 간 것 약간

1 양배추, 사과는 0.5cm 두께로 채 썬다.
2 닭가슴살은 결대로 잘게 찢는다. 큰 볼에 땅콩 요거트 소스 재료를 넣어 섞는다.
3 ②의 볼에 양배추, 사과, 닭가슴살, 당근 라페, 통조림 옥수수를 넣어 골고루 섞는다.
4 달군 팬에 기름을 두르지 않고 또띠아를 넣어 약한 불에서 앞뒤로 각각
   30초씩 구운 후 덜어둔다.
   ★ 또띠아를 구운 후 위생팩에 넣어 두면 마르지 않아요.
5 또띠아에 로메인 3장을 올리고, ③의 닭가슴살 코울슬로를 올린다.
6 나머지 로메인 3장을 올린다. 또띠아 양옆을 접고 돌돌 말아 먹기 좋은 크기로 썬다.
   ★ 양옆을 접지 않고 사진처럼 김밥 말듯이 돌돌 말아 먹기 좋은 크기로 썰어도 좋아요.
   ★ 단단하게 말고 싶다면 요리 랩을 활용해 고정시켜도 좋아요.

Tip

닭가슴살 직접 삶기
냄비에 닭가슴살, 잠길 만큼의 물,
청주 1큰술을 넣어 중간 불에서
10분간 삶아요. 젓가락으로 찔러
핏물이 나오면 조금 더 삶아요.
한 김 식힌 후 결대로 찢어 사용해요.

전자레인지로 또띠아 데우기
또띠아에 물을 약간 바른 후
전자레인지에 15초간 데워 사용해요.
단, 전자레인지로 데울 경우 수분
증발이 빨라 겉면이 부서질 수 있으니
속재료를 넣기 직전에 데워 사용해요.

463 kcal NO 불조리 고단백 고 식이섬유   탄수화물 49.8%   단백질 35.3%   지방 15.0%

고구마 불닭 또띠아롤 + 고구마 무스 스프레드

'맵찔이'인데도 가끔씩 매운맛이 당길 때가 있어요.
매운맛을 중화시켜줄 고구마 무스 스프레드를 깔고 수분감 좋은 채소를 곁들여
맛의 밸런스를 맞춘 고구마 불닭 또띠아롤을 소개합니다.

통밀 또띠아롤

1인분 / 15~20분

- 통밀 또띠아 1장(20cm)
- 시판 익힌 닭가슴살 1개
  (또는 닭가슴살, 100g)
- 파프리카 1/4개(50g)
- 양배추 1장(손바닥 크기, 30g)
  * 파프리카, 양배추는 동량의 다른 채소로 대체 가능
- 어린잎 채소 1줌
  (또는 샐러드 채소, 20g)
- 저당 불닭 소스 1큰술
  (기호에 따라 가감)

고구마 무스 스프레드

- 고구마 작은 것 1개
  (또는 단호박, 100g)
- 슬라이스 치즈 1장
- 하프 마요네즈 1큰술
  (또는 그릭 요거트)
- 소금 약간
- 통후추 간 것 약간

1. 고구마는 껍질을 벗기고 한입 크기로 썰어 내열용기에 넣는다.
   뚜껑을 덮고 전자레인지에서 3~4분간 익힌 후 포크나 매셔로 으깬다.
2. 슬라이스 치즈는 고구마에 잘 녹을 수 있도록 사방 1cm 크기로 썬다.
   볼에 고구마 무스 스프레드 재료를 모두 넣어 골고루 잘 섞는다.
3. 양배추, 파프리카는 0.5cm 두께로 채 썬다.
4. 닭가슴살은 결대로 잘게 찢어 저당 불닭 소스를 넣고 골고루 섞는다.
5. 달군 팬에 기름을 두르지 않고 또띠아를 넣어 약한 불에서 앞뒤로
   각각 30초씩 구운 후 ②의 고구마 무스 스프레드를 골고루 펴 바른다.
   * 또띠아를 구운 후 위생팩에 넣어 두면 마르지 않아요.
   * 가장자리에 고구마 무스 스프레드를 얇게 올려야 밖으로 삐져나오지 않아요.
6. 어린잎 채소, 파프리카, 양배추, ④의 불닭 닭가슴살을 올린다.
   또띠아 양옆을 접고 돌돌 말아 먹기 좋은 크기로 썬다.
   * 양옆을 접지 않고 사진처럼 김밥 말듯이 돌돌 말아 먹기 좋은 크기로 썰어도 좋아요.
   * 단단하게 말고 싶다면 요리 랩을 활용해 고정시켜도 좋아요.

Tip

닭가슴살 직접 삶기
냄비에 닭가슴살, 잠길 만큼의 물,
청주 1큰술을 넣어 중간 불에서
10분간 삶아요. 젓가락으로 찔러
핏물이 나오면 조금 더 삶아요.
한 김 식힌 후 결대로 찢어 사용해요.

전자레인지로 또띠아 데우기
또띠아에 물을 약간 바른 후
전자레인지에 15초간 데워 사용해요.
단, 전자레인지로 데울 경우 수분 증발이
빨라 겉면이 부서질 수 있으니
속재료를 넣기 직전에 데워 사용해요.

불닭 소스가 없다면?
스리라차 소스 1큰술, 알룰로스 1/2큰술
(또는 올리고당), 참기름 1작은술을 섞어
사용해도 좋아요.

474 kcal 고단백 고식이섬유

탄수화물 33.2% 단백질 38.2% 지방 28.6%

올리브 치킨 또띠아롤

'지중해식 쌈장'으로 불리는 타프나드(Tapenade)는 올리브, 케이퍼, 앤초비 등으로 만든 일종의 올리브 페이스트입니다. 진한 올리브의 풍미가 매력적인 타프나드를 간소화해 양념으로 만들었어요. 올리브 풍미가 깃든 닭가슴살과 볶은 파프리카를 넣어 감칠맛을 더한 또띠아롤을 즐겨보세요.

1인분 / 20~25분

- 통밀 또띠아 1장(20cm)
- 시판 익힌 닭가슴살 1개
  (또는 닭가슴살, 100g)
- 파프리카 1/2개
  (또는 버섯 1줌, 100g)
- 양상추 2장(손바닥 크기,
  또는 샐러드 채소, 30g)
- 올리브유 1/2작은술
- 소금 약간
- 통후추 간 것 약간

간단 타프나드
- 블랙 올리브 다진 것 10개분
- 다진 호두 1큰술
  (또는 다른 견과류 다진 것)
- 그라나파다노 치즈 간 것 1큰술
  (또는 파마산 치즈 가루)
- 다진 마늘 1/2큰술
- 레몬즙 1작은술
- 올리브유 1작은술
- 소금 1/3작은술
  (올리브의 염도에 따라 가감)
- 통후추 간 것 약간
- 다진 이탈리안 파슬리 약간(생략 가능)

1 닭가슴살은 결대로 잘게 찢는다. 파프리카는 0.5cm 두께로 채 썬다.

2 큰 볼에 간단 타프나드 재료를 넣어 골고루 섞는다.

3 ①의 닭가슴살을 넣고 골고루 버무린다.
   ★ 접착성이 좋은 재료들이 아니니 손에 힘을 주어 닭가슴살을 버무려요.

4 달군 팬에 기름을 두르지 않고 또띠아를 넣어 약한 불에서 앞뒤로
   각각 30초씩 구운 후 덜어둔다.
   ★ 또띠아를 구운 후 위생팩에 넣어 두면 마르지 않아요.

5 팬을 닦고 다시 달궈 올리브유를 두르고 파프리카를 넣어서 중간 불에서 1분,
   소금, 통후추 간 것을 넣은 후 30초간 볶아 덜어둔다.

6 또띠아의 중앙에 양상추를 편평하게 놓는다. ③의 타프나드 닭가슴살,
   ⑤의 파프리카볶음을 올린다. 또띠아 양옆을 접고 돌돌 말아 절반으로 썬다.
   ★ 단단하게 말고 싶다면 요리 랩을 활용해 고정시켜도 좋아요.

Tip

닭가슴살 직접 삶기
냄비에 닭가슴살, 잠길 만큼의 물,
청주 1큰술을 넣어 중간 불에서
10분간 삶아요. 젓가락으로 찔러
핏물이 나오면 조금 더 삶아요.
한 김 식힌 후 결대로 찢어 사용해요.

485 kcal 초간단 고 식이섬유   탄수화물 40.7%   단백질 28.6%   지방 30.7%

치킨 핫도그 또띠아롤

전세계를 누비는 스트릿 푸드, 핫도그를 또띠아롤로 만들었어요.
염도와 지방 함량이 높은 프랑크 소시지 대신 닭가슴살 소시지를 활용해 단백질 밸런스를 맞췄답니다.
아삭함과 포만감을 더해줄 케일, 토핑으로 자주 사용하는 양파 플레이크를
양배추 라페와 함께 샐러드처럼 섞어 풍미를 업그레이드했습니다.

통밀 또띠아롤

1인분 / 15~20분

- 통밀 또띠아 1장(20cm)
- 닭가슴살 소시지 1개
  (또는 통조림 참치 1/2캔, 50g)
- 슬라이스 치즈 1장(또는 스트링 치즈)
- 올리브유 1작은술
- 저당 머스터드 소스 1큰술
  (또는 홀그레인 머스터드)

케일 양배추 라페 샐러드
- 쌈케일 10장(또는 샐러드 채소, 50g)
- 양배추 라페 약 1/3컵
  (또는 당근 라페, 30g)
  ★ 만들기 30쪽
- 그라나파다노 치즈 간 것 1큰술
  (또는 파마산 치즈 가루)
- 양파 플레이크 1큰술(또는
  마늘 플레이크, 견과류 다진 것)
- 레몬즙 1/2큰술
- 올리브유 1작은술
- 통후추 간 것 약간

1 케일은 돌돌 말아 가늘게 채 썬다. 닭가슴살 소시지는 0.5cm 간격으로 사선으로 칼집을 낸다.

2 큰 볼에 ①의 케일, 나머지 케일 양배추 라페 샐러드 재료를 넣어 골고루 섞는다.

3 달군 팬에 기름을 두르지 않고 또띠아를 넣어 약한 불에서 앞뒤로 각각 30초씩 구운 후
   덜어둔다. ★ 또띠아를 구운 후 위생팩에 넣어 두면 마르지 않아요.

4 팬을 닦고 다시 달궈 올리브유를 두르고 ①의 닭가슴살 소시지를 넣어
   중간 불에서 2분간 굴러가며 노릇하게 굽는다.

5 또띠아에 저당 머스터드 소스를 골고루 펴 바른다.
   ②의 샐러드 1/2분량, 슬라이스 치즈를 올린다.

6 ④의 소시지, 나머지 샐러드 1/2분량을 올린다.
   또띠아 양옆을 접고 돌돌 말아 먹기 좋은 크기로 썬다.
   ★ 슬라이스 치즈로 소시지를 감싼 후 양배추 샐러드를 올려 모양 잡아도 좋아요.
   ★ 단단하게 말고 싶다면 요리 랩을 활용해 고정시켜도 좋아요.

Tip

소시지 데쳐서 사용하기
소시지는 팬에 굽는 대신
끓는 물에 1분간 데쳐 사용하면
더욱 담백하게 즐길 수 있어요.

447 kcal　고식이섬유　저자추천　　　탄수화물 45.7%　단백질 24.6%　지방 29.7%

리코타 샐러드 또띠아롤 + 올리브 리코타 스프레드

베이직 샐러드 중 하나인 리코타 샐러드를 또띠아롤로 만들었어요.
스프레드로 활용한 리코타 치즈에는 으깬 올리브를 볶아 넣어 풍미를 업그레이드했습니다.
어린잎 채소를 듬뿍 넣어 산뜻함을 살리고, 피스타치오로 고소함을 더했어요.

통밀 또띠아롤

460 kcal 고단백 고 식이섬유

탄수화물 41.2% 단백질 41.0% 지방 17.8%

수블라키 또띠아롤 + 차즈키 소스

수블라키(Souvlaki)는 고기와 채소를 꼬치에 꽂아 먹는 그리스식 요리입니다. 지중해식으로 밑간해 구운 닭가슴살과 아삭한 생채소를 넣은 또띠아롤에 '그리스의 하얀 쌈장'이라고 불리는 차즈키 소스를 얹어 먹도록 만들었어요. 닭가슴살과 그릭 요거트가 들어가 건강한 단백질을, 올리브유로 건강한 지방을 더해 영양 밸런스를 채운 이국적인 또띠아롤입니다.

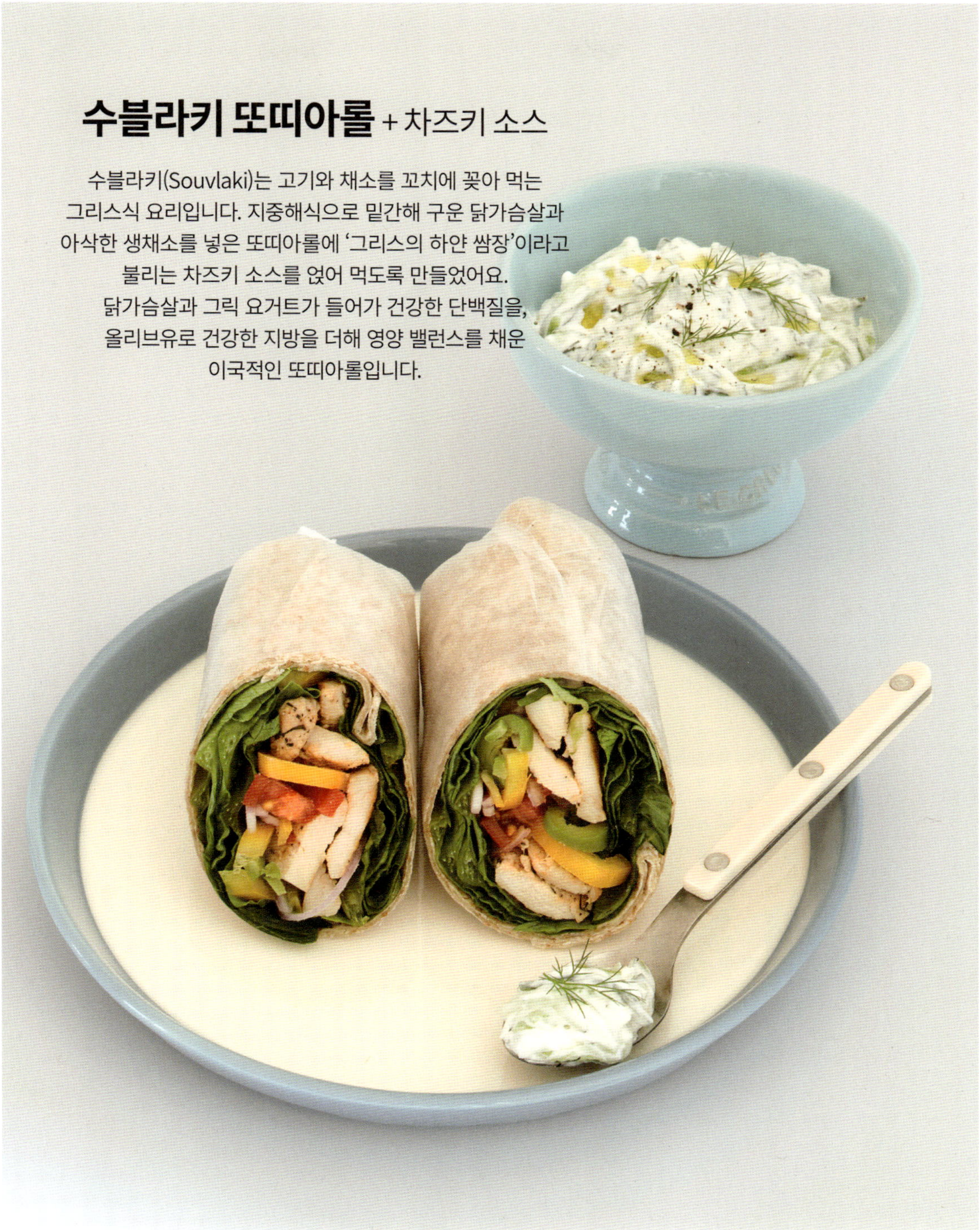

리코타 샐러드 또띠아롤

1인분 / 15~20분

- 통밀 또띠아 1장(20cm)
- 닭가슴살 슬라이스 햄 4장
  (또는 게맛살 짧은 것 4개, 100g)
- 방울토마토 5개(또는 파프리카, 75g)
- 어린잎 채소 1줌(또는 샐러드 채소, 20g)
- 다진 피스타치오 1큰술(또는 다른 견과류)

발사믹 드레싱
- 발사믹 식초 1큰술
- 알룰로스 1작은술(또는 올리고당)
- 올리브유 1작은술
- 소금 약간
- 통후추 간 것 약간

올리브 리코타 스프레드
- 리코타 치즈 3큰술(또는 그릭 요거트)
- 그린 올리브 10개(또는 블랙 올리브)
- 올리브유 1작은술
- 다진 마늘 1작은술
- 소금 약간
- 통후추 간 것 약간
- 다진 이탈리안 파슬리 1작은술(생략 가능)

1. 방울토마토는 4등분한다.
   그린 올리브는 칼등으로 으깨거나 굵게 다진다.
2. 큰 볼에 발사믹 드레싱 재료를 넣어 섞은 후
   방울토마토, 어린잎 채소를 넣어 가볍게 섞는다.
3. 달군 팬에 기름을 두르지 않고 또띠아를 넣어
   약한 불에서 앞뒤로 각각 30초씩 구운 후 덜어둔다.
   ★ 또띠아를 구운 후 위생팩에 넣어 두면 마르지 않아요.
4. 팬을 닦고 다시 달궈 올리브유를 두르고 다진 마늘, 그린 올리브,
   소금, 통후추 간 것을 넣어 중간 불에서 1분간 볶은 후
   다진 이탈리안 파슬리를 넣어 가볍게 섞고 불을 끈다.
5. 볼에 ④의 재료, 리코타 치즈를 넣어 골고루 섞는다.
6. 또띠아에 ⑤의 올리브 리코타 스프레드를 골고루 펴 바른다.
7. 닭가슴살 슬라이스 햄을 올리고 피스타치오를 뿌린다.
8. ②의 발사믹 샐러드를 올린다. 또띠아 양옆을 접고 돌돌 말아
   먹기 좋은 크기로 썬다.
   ★ 양옆을 접지 않고 사진(106쪽)처럼 김밥 말듯이 돌돌 말아
   먹기 좋은 크기로 썰어도 좋아요.
   ★ 단단하게 말고 싶다면 요리 랩을 활용해 고정시켜도 좋아요.

수블라키 또띠아롤

1인분 / 20~25분

- 통밀 또띠아 1장(20cm)
- 닭가슴살 1쪽(또는 시판 익힌 닭가슴살, 닭안심 4조각, 100g)
- 로메인 6장(또는 쌈 채소, 30g)
- 적양파 1/10개(또는 양파, 20g)
- 파프리카 1/4개(50g)
- 방울토마토 3개(45g)
- 그린 올리브 3개(또는 블랙 올리브)
  * 파프리카, 방울토마토는 동량의 다른 채소로 대체 가능
- 소금 1작은술(오이 절임용)

닭가슴살 밑간
- 올리브유 1/2큰술
- 레몬즙 1작은술
- 말린 허브 가루 1/2작은술(생략 가능)
- 크러시드 페퍼 1/2작은술
  (생략 가능, 기호에 따라 가감)
- 소금 약간
- 통후추 간 것 약간

차즈키 소스
- 오이 1/2개(100g)
- 그릭 요거트 1통(100g)
- 레몬즙 1/2큰술
- 올리브유 1/2큰술
- 다진 딜 1작은술(생략 가능)
- 다진 마늘 1작은술
- 알룰로스 1작은술(또는 올리고당)
- 통후추 간 것 약간

1. 닭가슴살은 1cm 두께의 모양대로 썰어 닭가슴살 밑간 양념에 버무려 둔다.

2. 적양파는 가늘게 채 썰어 찬물에 담가 매운맛을 빼고 체에 밭쳐 물기를 제거한다.
   오이는 가늘게 채 썰고 소금을 넣어 10분간 절여 물기를 꼭 짠다.

3. 파프리카는 0.5cm 두께로 채 썬다.
   방울토마토, 그린 올리브는 0.5cm 두께의 모양대로 썬다.

4. 볼에 ②의 절인 오이, 나머지 차즈키 소스 재료를 넣어 골고루 섞는다.

5. 달군 팬에 기름을 두르지 않고 또띠아를 넣어 약한 불에서 앞뒤로 각각 30초씩 구운 후 덜어둔다.
   * 또띠아를 구운 후 위생팩에 넣어 두면 마르지 않아요.

6. 팬을 닦고 다시 달궈 ①의 닭가슴살을 넣어 중간 불에서 2~3분간 앞뒤로 노릇하게 굽는다.

7. 또띠아에 로메인 3장을 올린 후 ②의 적양파, ③의 파프리카, 방울토마토, 그린 올리브를 올린다.

8. ⑥의 닭가슴살을 올리고 나머지 로메인 3장을 올린다.
   또띠아 양옆을 접고 돌돌 말아 절반으로 썬다.
   차즈키 소스를 곁들여 올려 먹는다.
   * 단단하게 말고 싶다면 요리 랩을 활용해 고정시켜도 좋아요.

Tip

차즈키 소스가 남았다면?
채소 스틱의 디핑소스나 오픈 샌드위치, 샌드위치의 스프레드로 활용해요. 구운 고기의 사이드로 곁들여도 좋아요.

423 kcal   탄수화물 50.9%   단백질 23.8%   지방 25.3%

☑ 또띠아 피자로 즐기기 142쪽

땅콩버터 사과 또띠아롤

땅콩버터와 사과의 조합은
건강한 아침식사의 정석으로 알려져 있죠.
이 조합을 또띠아롤로 재해석했어요.
치즈와 닭가슴살 슬라이스 햄으로
단백질을 더하고, 아삭한 당근 라페, 루꼴라 샐러드를
듬뿍 넣어 포만감을 빵빵하게 채웠습니다.
불조리 없이 간단하게 만들 수 있어
바쁜 아침이나 도시락 메뉴로 추천해요.

통밀 또띠아롤

1인분 / 10~15분

- 통밀 또띠아 1장(20cm)
- 와일드 루꼴라 1줌
  (또는 샐러드 채소, 50g)
- 당근 라페 약 1/3컵
  (또는 양배추 라페, 30g)
  * 만들기 30쪽
- 사과 1/4개(또는 파프리카, 50g)
- 닭가슴살 슬라이스 햄 4장
  (또는 터키햄, 40g)
- 슬라이스 치즈 1장
- 무첨가 땅콩버터 1큰술
  (또는 넛버터)
- 소금 약간
- 통후추 간 것 약간

레몬 드레싱
- 그라나파다노 치즈 간 것 1큰술
- 레몬즙 1큰술
- 화이트 발사믹 식초 1큰술
- 올리브유 1작은술
- 소금 약간
- 통후추 간 것 약간

1 와일드 루꼴라는 2~3등분한다. 사과는 씨를 제거하고 모양대로 얇게 썬다.

2 큰 볼에 레몬 드레싱 재료를 넣어 섞은 후 와일드 루꼴라를 넣고 가볍게 버무린다.

3 달군 팬에 기름을 두르지 않고 또띠아를 넣어
   약한 불에서 앞뒤로 각각 30초씩 구운 후 덜어둔다.
   ★ 또띠아를 구운 후 위생팩에 넣어 두면 마르지 않아요.

4 또띠아에 땅콩버터를 고르게 펴 바른 후 소금, 통후추 간 것을 가볍게 뿌린다.
   ★ 또띠아의 접착면이 될 가장자리에 땅콩버터를 발라 두면 접착력이 좋아져요.

5 또띠아의 중앙에 슬라이스 치즈를 올리고, 닭가슴살 슬라이스 햄은
   반으로 접어 겹치듯 4장을 올린다. 당근 라페를 올린다.

6 ②의 루꼴라 샐러드, ①의 사과를 올린다.
   또띠아 양옆을 접고 돌돌 말아 절반으로 썬다.
   ★ 단단하게 말고 싶다면 요리 랩을 활용해 고정시켜도 좋아요.

Tip

전자레인지로 또띠아 데우기
또띠아에 물을 약간 바른 후
전자레인지에 15초간 데워 사용해요.
단, 전자레인지로 데울 경우 수분 증발이
빨라 겉면이 부서질 수 있으니
속재료를 넣기 직전에 데워 사용해요.

423 kcal 고식이섬유 저자추천

탄수화물 47.6%　단백질 26.0%　지방 26.4%

오코노미야키 또띠아롤

양배추를 듬뿍 넣어 각종 고기와 해산물, 달걀과 함께 파전처럼 구워낸 일식 메뉴, 오코노미야키 풍미의 또띠아롤이에요. 이 메뉴의 포인트는 많은 양의 채소를 충분히 볶아 수분을 날려주는 것이에요. 그래야 아삭한 식감을 즐길 수 있답니다.

통밀 또띠아롤

532 kcal 냉동 고단백 ——— 탄수화물 38.2% 단백질 39.1% 지방 22.6%

두부 김치 또띠아롤

다이어트식으로 즐겨 먹는 '밥 없는 김치볶음밥'을 또띠아롤로 만들었습니다.
고슬하게 볶은 두부와 담백한 돼지고기 안심을 사용해 포만감과 단백질을 모두 채울 수 있는 메뉴랍니다. 사르르 녹는 피자 치즈는 재료들의 엉김을 도와 찰기를 줘요.

☑ **양상추쌈으로 즐기기 142쪽**

오코노미야키 또띠아롤

1인분 / 20~25분

- 통밀 또띠아 1장(20cm)
- 양배추 3장(또는 알배기 배추, 90g)
- 당근 1/4개(50g)
  * 당근은 동량의 다른 채소로 대체 가능
- 닭가슴살 슬라이스 햄 4장
  (또는 터키햄, 20g)
- 달걀 1개
- 쪽파 3줄기(또는 부추, 24g)
- 하프 마요네즈 1큰술(또는 그릭 요거트)
- 가다랑어포 1/4컵(생략 가능, 2g)
- 식용유 1작은술 + 1작은술

간단 데리야키 양념
- 양조간장 1큰술
- 맛술 1큰술
- 후춧가루 약간

1. 양배추, 당근, 닭가슴살 슬라이스 햄은 0.5cm 두께로 채 썬다.

2. 쪽파는 송송 썬다. 작은 볼에 간단 데리야키 양념 재료를 섞는다.

3. 달군 팬에 기름을 두르지 않고 또띠아를 넣어
   약한 불에서 앞뒤로 각각 30초씩 구운 후 덜어둔다.
   * 또띠아를 구운 후 위생팩에 넣어 두면 마르지 않아요.

4. 팬을 닦고 다시 달궈 식용유 1작은술을 두르고
   달걀을 올려 중약 불에서 1분 30초간 익힌 후,
   뒤집어 30초간 익혀 접시에 덜어둔다.

5. 팬을 닦고 다시 달궈 식용유 1작은술을 두르고,
   ①의 재료들을 넣어 중간 불에서 채소들의 숨이 죽을 때까지
   2분간 볶는다.

6. ②의 간단 데리야키 양념을 넣어 1분간 볶은 후
   쪽파를 넣어 가볍게 섞고 불을 끈다.
   * 쪽파 일부는 토핑으로 남겨두어도 좋아요.

7. 또띠아에 하프 마요네즈를 고르게 펴 바른 후,
   가다랑어포를 골고루 뿌린다.
   * 또띠아의 접착면이 될 가장자리에 마요네즈를 바르면
   접착력이 좋아져요.

8. ⑥의 데리야키 채소볶음, ④의 달걀 프라이를 올린다.
   또띠아 양옆을 접고 돌돌 말아 먹기 좋은 크기로 썬다.
   * 양옆을 접지 않고 사진(114쪽)처럼 김밥 말듯이 돌돌 말아
   먹기 좋은 크기로 썰어도 좋아요.
   * 단단하게 말고 싶다면 요리 랩을 활용해 고정시켜도 좋아요.
   * 쪽파나 하프 마요네즈, 가다랑어포를 추가로 올려
   사진처럼 플레이팅해도 좋아요.

두부 김치 또띠아롤

1인분 / 20~25분

- 통밀 또띠아 1장(20cm)
- 돼지고기 안심 100g(또는 돼지고기 불고기용, 시판 익힌 닭가슴살)
- 두부 큰 팩 1/3모(부침용, 100g)
- 배추김치 1/2컵(75g)
- 깻잎 5장(생략 가능, 10g)
- 대파 흰 부분 10cm
- 슈레드 피자 치즈 2큰술 (또는 슬라이스 치즈 1장)
- 김가루 1/2컵(5g)
- 식용유 1작은술

돼지고기 밑간
- 맛술 1큰술
- 다진 마늘 1작은술
- 소금 약간
- 후춧가루 약간

김치 양념
- 고춧가루 1큰술
- 양조간장 1작은술
- 알룰로스 1작은술(또는 올리고당)
- 참기름 1작은술

1. 돼지고기는 키친타월로 감싸 핏물을 제거하고 굵게 썰어 돼지고기 밑간 재료에 버무린다. 배추김치는 양념을 가볍게 털어 낸 후 굵게 다져 김치 양념에 버무린다.
2. 깻잎은 길게 2등분 한 후 0.5cm 두께로 채 썰고, 대파는 송송 썬다.
3. 두부는 키친타월로 감싸 물기를 제거하고 달군 팬에 넣는다. 중간 불에서 으깨면서 3분간 볶아 수분을 날린 후 접시에 덜어둔다.
4. 팬을 닦고 다시 달궈 식용유를 두르고 대파를 넣어 중간 불에서 1분간 볶은 후 ①의 돼지고기를 넣고 2분간 더 볶는다.
5. ①의 배추김치를 넣어 2분간 볶는다.
6. ③의 두부 소보로를 넣어 1분간 볶은 후 깻잎, 슈레드 피자 치즈, 김가루를 넣고 가볍게 섞어 불을 끈다.
7. 또띠아에 ⑥의 두부 김치볶음을 올리고 양옆을 접어 돌돌 만다.
8. ⑥의 팬을 닦고 다시 달궈 ⑦의 또띠아롤을 올리고 중약 불에서 1분간 앞뒤로 노릇하게 굽는다. 한 김 식힌 후 절반으로 썬다.
   * 또띠아가 접힌 부분부터 팬에 닿도록 구워야 쉽게 풀리지 않아요.
   * 썰지 않고 부리토처럼 그대로 들고 베어먹어도 좋아요.

Tip

에어프라이어에 굽기
팬 프라이 대신 에어프라이어에 구워도 돼요.
180°C에서 3~4분간 구워요.

넉넉하게 만들어 냉동하기
완성한 또띠아롤은 밀폐용기에 넣어 냉동으로 한 달간 보관 가능해요.
별도의 해동 없이 180°C로 예열한 오븐 또는 에어프라이어에 넣고
7분, 뒤집어 7~10분간 구워요.

398 kcal　고식이섬유　　탄수화물 51.7%　단백질 32.6%　지방 15.7%

오이 듬뿍 쌈장 제육 또띠아롤

우리에게 너무나 익숙한 제육볶음을 또띠아롤로 재해석했어요.
파와 양파, 돼지고기를 매콤하게 바싹 볶은 후 쌈장 마요 소스에 버무려 맛있게 단백질을 채웠습니다.
아삭한 오이의 청량한 식감이 일품이에요.

통밀 또띠아롤

429 kcal 트렌디 메뉴 고단백 탄수화물 39.1% 단백질 34.6% 지방 26.3%

멜팅 치즈 패티 또띠아롤 + 라이트 햄버거 스프레드

인기 프랜차이즈 햄버거의 조합을 또띠아롤로 개발했어요.
햄버거 번 대신 통밀 또띠아를 사용하고 그릭 요거트 스프레드로 가벼움을 더하되
할라피뇨를 넣어 감칠맛을 끌어 올렸어요.
기본 양념만으로 쇠고기 본연의 맛을 살린 패티와 치즈를 올려 완성했습니다.

오이 듬뿍 쌈장 제육 또띠아롤

1인분 / 20~25분

- 통밀 또띠아 1장(20cm)
- 돼지고기 불고기용 100g
  (뒷다리살 또는 안심, 100g)
- 오이 1/2개(또는 양배추 3장, 100g)
- 양상추 3장(손바닥 크기,
  또는 샐러드 채소, 45g)
- 대파 10cm
- 양파 1/2개(100g)
- 슬라이스 치즈 1장
  (또는 슈레드 피자 치즈 2큰술)
- 올리브유 1작은술

돼지고기 밑간

- 다진 마늘 1작은술
- 크러시드 페퍼 1/2작은술
  (기호에 따라 가감, 생략 가능)
- 소금 약간
- 통후추 간 것 약간

쌈장 마요 소스

- 쌈장 1과 1/2큰술
- 하프 마요네즈 1큰술
- 알룰로스 1/2큰술(또는 올리고당)
- 레몬즙 1작은술

1. 돼지고기는 키친타월로 감싸 핏물을 제거한 후 한입 크기로 썰어 볼에 넣는다. 밑간 재료를 넣고 버무려 5분간 재운다.
2. 대파는 송송 썬다. 양파는 0.5cm 두께로 채 썬다. 오이는 필러로 얇게 슬라이스한다.
3. 볼에 쌈장 마요 소스 재료를 넣어 골고루 섞는다.
4. 달군 팬에 기름을 두르지 않고 또띠아를 넣어 약한 불에서 앞뒤로 각각 30초씩 구운 후 덜어둔다.
   ★ 또띠아를 구운 후 위생팩에 넣어 두면 마르지 않아요.
5. 팬을 닦고 다시 달궈 올리브유를 두르고 대파, 양파를 넣어 중간 불에서 2분간 볶는다.
6. ①의 돼지고기를 넣어 3분간 수분을 날리며 바싹 볶는다.
7. 큰 볼에 ⑥의 볶은 돼지고기, 쌈장 마요 소스를 넣어 골고루 섞는다. 이때 소스 1큰술을 스프레드용으로 덜어둔다.
8. 또띠아에 쌈장 마요 소스 1큰술을 골고루 펴 바른 후 양상추, ⑦의 쌈장 마요 돼지고기를 올린다.
9. ②의 오이, 슬라이스 치즈를 올린다. 또띠아 양옆을 접고 돌돌 말아 절반으로 썬다.
   ★ 단단하게 말고 싶다면 요리 랩을 활용해 고정시켜도 좋아요.

Tip
쌈장 직접 만들기
시판 쌈장 대신 고추장 1큰술, 된장 1작은술(염도에 따라 가감), 알룰로스 1/2큰술(또는 올리고당), 참기름 약간을 골고루 섞어 활용해도 돼요.

멜팅 치즈 패티 또띠아롤

1인분 / 20~25분

- 통밀 또띠아 1장(20cm)
- 쇠고기 다진 것 100g
  (우둔살 또는 새우살)
- 양상추 3장(또는 쌈 채소, 45g)
- 토마토 작은 것 1개
  (또는 방울토마토 2개, 50g)
- 적양파 1/10개(드는 양파, 20g)
- 슬라이스 치즈 1장
  (또는 슈레드 피자 치즈 2큰술)
- 양파 플레이크 1큰술
  (또는 마늘 플레이크, 생략 가능)
- 올리브유 1작은술
- 소금 1/3작은술
- 통후추 간 것 약간

라이트 햄버거 스프레드
- 할라피뇨 다진 것 1큰술
  (또는 피클, 기호에 따라 가감)
- 그릭 요거트 2큰술(또는 하프 마요네즈)
- 스리라차 소스 1큰술(기호에 따라 가감)
- 저당 머스터드 소스 1/2큰술
  (또는 홀그레인 머스터드)

1. 다진 쇠고기는 키친타월로 핏물을 제거하고, 소금, 통후추 간 것을 넣어 골고루 버무린 후 둥글 납작한 패티 모양을 만든다.
2. 적양파는 가늘게 채 썰어 찬물에 담가 매운 맛을 뺀 후 체에 밭쳐 물기를 제거한다. 토마토는 0.5cm 두께의 모양대로 썬다. 양상추는 2cm 폭으로 썬다.
3. 작은 볼에 라이트 햄버거 스프레드 재료를 넣어 골고루 섞는다.
4. 달군 팬에 기름을 두르지 않고 또띠아를 넣어 약한 불에서 앞뒤로 각각 30초씩 구운 후 덜어둔다.
   ★ 또띠아를 구운 후 위생팩에 넣어 두면 마르지 않아요.
5. 팬을 닦고 다시 달궈 올리브유를 두르고 ①의 쇠고기 패티를 올려 중강 불에서 2분, 뒤집어서 1분간 굽는다.
6. 패티 위에 슬라이스 치즈를 올린 후 약한 불로 줄인다.
7. 뚜껑을 덮고 1분간 익혀 치즈를 녹인다
8. 또띠아에 라이트 햄버거 스프레드를 골고루 펴 바른 후 양상추 1/2분량, 토마토, ⑥의 멜팅 치즈 패티, 적양파를 올린다.
9. 나머지 양상추 1/2분량을 올린 후 양파 플레이크를 골고루 뿌린다. 또띠아 양옆을 접고 돌돌 말아 절반으로 썬다.
   ★ 단단하게 말고 싶다면 요리 랩을 활용해 고정시켜도 좋아요.

535 kcal   탄수화물 39.0% 단백질 32.2% 지방 28.7%

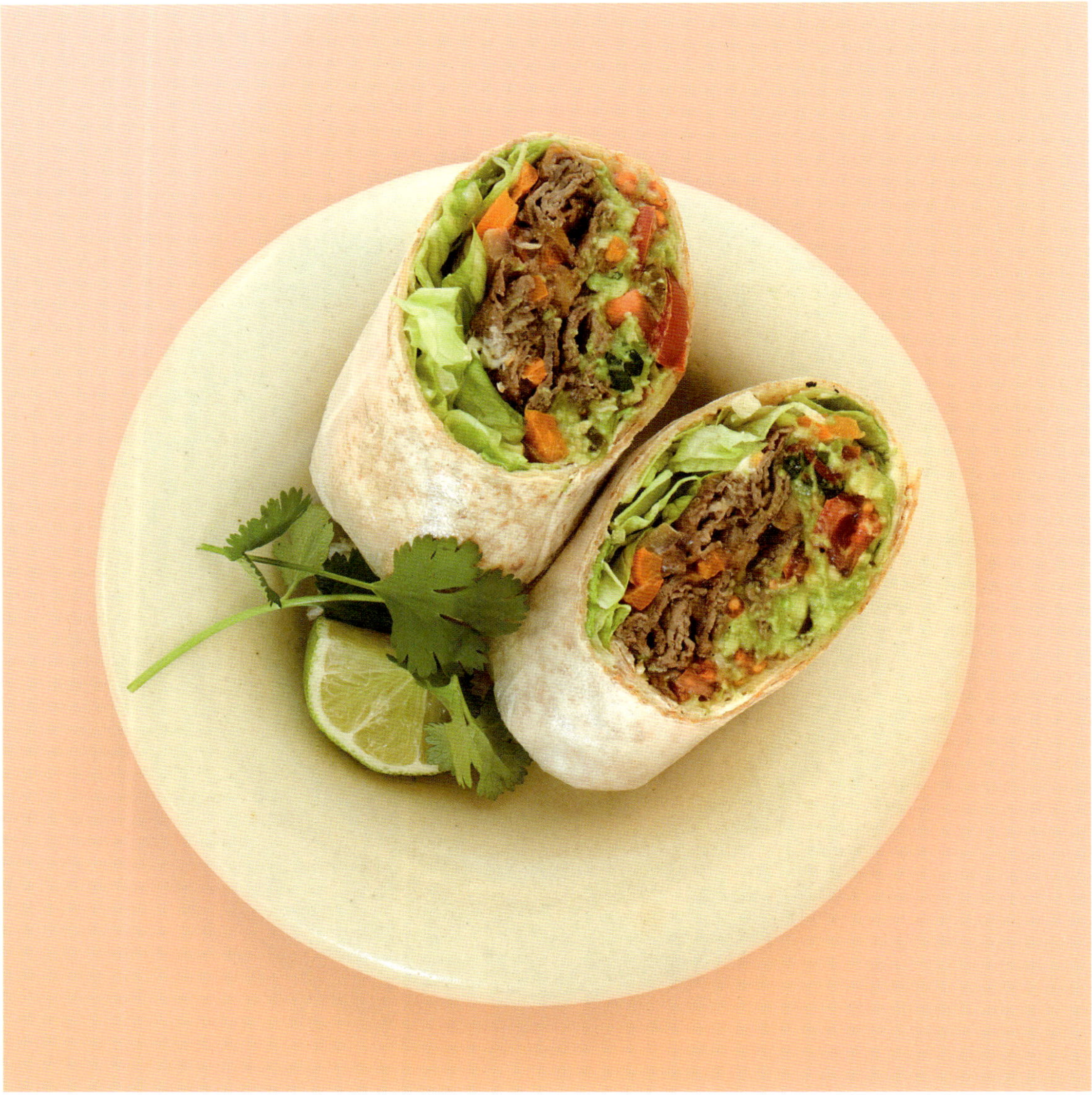

쇠고기 타코 또띠아롤

간단하면서도 이색적인 메뉴인 멕시칸 스타일의 타코 또띠아롤입니다.
쇠고기와 채소는 담백하게 굽고 아보카도를 더해 이국적인 풍미를 극대화했어요.
사워크림 대신 그릭 요거트를 사용해 더욱 건강하게 영양 밸런스를 맞췄답니다.

통밀 또띠아롤

461 kcal 고식이섬유 저자추천   탄수화물 41.2% 단백질 33.9% 지방 24.8%

쇠고기 가지 피자 또띠아롤

또띠아롤 위에 치즈를 올려 따끈하게 구운 롤피자예요. 가지를 기름에 볶아 지용성 비타민 흡수를 높이고, 쇠고기와 토마토를 더해 식감과 풍미를 한층 업그레이드했습니다. 토마토 소스 대신 케첩으로 감칠맛을 더했으니, 가지가 낯선 분들도 부담 없이 즐기실 수 있을 거예요.

쇠고기 타코 또띠아롤

1인분 / 20~25분

- 통밀 또띠아 1장(20cm)
- 쇠고기 샤부샤부용 100g
  (또는 쇠고기 불고기용, 냉동 생새우살)
- 적양파 1/4개(또는 양파, 50g)
- 파프리카 1/4개(50g)
  * 적양파, 파프리카는 동량의
    다른 채소로 대체 가능
- 양상추 2장(또는 쌈 채소, 30g)
- 슈레드 피자 치즈 2큰술
  (또는 슬라이스 치즈)
- 그릭 요거트 2큰술
- 올리브유 1작은술
- 소금 약간
- 통후추 간 것 약간

과카몰리
- 아보카도 1/2개(100g)
- 방울토마토 3개(또는 파프리카, 45g)
- 다진 고수 1큰술
  (또는 다진 이탈리안 파슬리, 생략 가능)
- 할라피뇨 다진 것 1큰술(또는 피클)
- 라임즙 1큰술(또는 레몬즙)
- 올리브유 1작은술
- 소금 약간
- 통후추 간 것 약간

1 쇠고기는 키친타월에 올려 핏물을 제거하고 한입 크기로 썬다.

2 양상추는 2cm 두께로 썬다.
   적양파, 파프리카는 0.5cm 두께로 채 썬다.

3 아보카도는 손질 후 포크나 매셔로 으깬다.
   방울토마토는 사방 1cm 크기로 썰어
   나머지 과카몰리 재료와 섞는다.

4 달군 팬에 기름을 두르지 않고 또띠아를 넣어
   약한 불에서 앞뒤로 각각 30초씩 구운 후 덜어둔다.
   * 또띠아를 구운 후 위생팩에 넣어 두면 마르지 않아요.

5 팬을 닦고 다시 달궈 올리브유를 두르고
   ①의 쇠고기, 적양파, 파프리카, 소금, 통후추 간 것을 넣어
   중강 불에서 2분간 굽는다.

6 슈레드 피자 치즈를 넣고 불을 끈 후 가볍게 섞는다.

7 또띠아에 그릭 요거트를 골고루 펴 바른 후
   소금, 통후추 간 것을 골고루 뿌린다.

8 양상추, ⑥의 쇠고기볶음, ③의 과카몰리를 올린다.
   또띠아 양옆을 접고 돌돌 말아 절반으로 썬다.
   * 단단하게 말고 싶다면 요리 랩을 활용해 고정시켜도 좋아요.

Tip

아보카도 손질하기
❶ 아보카도 씨에 칼이 닿도록 깊숙하게 꽂은 후 돌려가며 칼집을 내요.
❷ 아보카도를 비틀어서 두 쪽으로 나눠요.
❸ 씨는 칼날을 꽂아 고정한 후 비틀어 제거해요.
❹ 손으로 껍질을 제거하거나 숟가락을 껍질 속에 깊숙이 넣어
   과육을 퍼내요.

129

쇠고기 가지 피자 또띠아롤

1인분 / 20~25분

- 통밀 또띠아 1장(20cm)
- 쇠고기 샤부샤부용 100g
  (또는 쇠고기 불고기용, 냉동 생새우살)
- 가지 1/2개(또는 애호박, 75g)
- 방울토마토 5개
  (또는 토마토 작은 것 1개, 75g)
- 양파 1/4개(50g)
- 와일드 루꼴라 1줌
  (또는 어린잎 채소, 50g)
- 슈레드 피자 치즈 1큰술 + 1큰술
- 올리브유 1/2큰술
- 다진 마늘 1/2큰술
- 크러시드 페퍼 1/2작은술
  (기호에 따라 가감, 생략 가능)
- 소금 1/3작은술
- 통후추 간 것 약간
- 하프 토마토케첩 1큰술

1. 쇠고기는 키친타월에 올려 핏물을 제거하고 한입 크기로 썬다. 양파는 굵게 다진다.
2. 방울토마토는 사방 1cm 크기로 썬다. 가지는 길게 4등분한 후 0.5cm 두께로 썬다.
3. 달군 팬에 올리브유를 두르고 ①의 양파, 다진 마늘, 크러시드 페퍼를 넣어 중약 불에서 2분간 볶는다.
4. ①의 쇠고기를 넣고 중간 불로 올려 1분, 가지, 소금, 통후추 간 것을 넣어 2분간 볶는다.
5. 방울토마토를 넣고 1분, 토마토케첩을 넣고 1분간 볶는다.
6. 또띠아에 루꼴라를 펼쳐 올리고, 슈레드 피자 치즈 1큰술을 골고루 뿌린다.
7. ⑤의 쇠고기볶음을 중간에 올려 또띠아 끝으로 재료를 감싸며 돌돌 말아 먹기 좋은 크기로 썬다.
8. 내열용기에 ⑦의 또띠아롤을 담고, 슈레드 피자 치즈 1큰술을 골고루 뿌린다. 전자레인지에 넣어 30초간 치즈를 녹인다.
   * 180℃로 예열한 오븐이나 에어프라이어에 넣어 치즈가 녹을 때까지 2~3분간 익혀도 좋아요.

417 kcal 초간단 고식이섬유   탄수화물 42.6% 단백질 34.1% 지방 23.3%

또띠아 피자로 즐기기 142쪽

시저 새우 또띠아롤

친숙한 시저 샐러드를 또띠아롤로 재구성했습니다.
산뜻한 시저 드레싱에 각종 채소를 버무리고, 구운 새우를 넣어 감칠맛과 단백질 밸런스를 맞췄어요.
할라피뇨와 양파 플레이크로 식감과 풍미를 더했습니다.

통밀 또띠아롤

1인분 / 20~25분

- 통밀 또띠아 1장(20cm)
- 냉동 생새우살 10마리
  (중간 크기, 또는 닭가슴살, 100g)
- 로메인 6장(또는 샐러드 채소, 30g)
- 방울토마토 5개(또는 오이 1/4개, 25g)
- 슬라이스 치즈 1장
- 할라피뇨 10g(또는 피클, 생략 가능)
- 양파 플레이크 1큰술
  (또는 마늘 플레이크)

새우 밑간
- 올리브유 1작은술
- 소금 약간
- 통후추 간 것 약간

시저 드레싱
- 그라나파다노 치즈 간 것 1큰술
  (또는 파마산 치즈 가루)
- 하프 마요네즈 1큰술(또는 그릭 요거트)
- 홀그레인 머스터드 1/2큰술
- 다진 마늘 1작은술
- 레몬즙 1작은술
- 알룰로스 1작은술(또는 올리고당)
- 소금 약간
- 통후추 간 것 약간

1. 냉동 생새우살은 찬물에 10분간 담가 해동한 후 체에 밭쳐 물기를 제거하고 밑간 양념에 버무려 둔다.
2. 로메인은 한입 크기로 썰고, 방울토마토는 4등분한다.
3. 큰 볼에 시저 드레싱 재료를 넣어 섞은 후 ②의 채소를 넣어 골고루 버무린다.
4. 달군 팬에 기름을 두르지 않고 또띠아를 넣어 약한 불에서 앞뒤로 각각 30초씩 구운 후 덜어둔다.
   * 또띠아를 구운 후 위생팩에 넣어 두면 마르지 않아요.
5. 팬을 닦고 다시 달궈 ①의 새우를 넣어 중간 불에서 앞뒤로 뒤집어가며 2분간 익힌다.
6. 또띠아 중앙에 슬라이스 치즈를 올린 후 ③의 채소 샐러드, ⑤의 새우, 할라피뇨, 양파 플레이크를 올린다. 또띠아 양옆을 접고 돌돌 말아 절반으로 썬다.
   * 단단하게 말고 싶다면 요리 랩을 활용해 고정시켜도 좋아요.

445 kcal 초간단 냉동 고식이섬유   탄수화물 48.3%   단백질 34.0%   지방 17.7%

칠리 참치 또띠아롤

집에 있는 자투리 채소를 활용해 만들 수 있는 겉바속촉 또띠아롤입니다.
참치를 더해 간단히 단백질 밸런스를 맞췄어요. 치즈가 녹을 때까지 약한 불에서 구우면
피자 또띠아롤처럼 즐길 수 있답니다.

1인분 / 20~25분

- 통밀 또띠아 1장(20cm)
- 통조림 참치 작은 것 1캔(또는 시판 익힌 닭가슴살, 통조림 연어, 100g)
- 양파 1/4개(50g)
- 피망 1/2개(또는 파프리카, 50g)
  * 양파, 피망은 동량의 다른 채소로 대체 가능
- 쫄깃 버섯볶음 약 1/2컵(25g)
  * 만들기 30쪽
- 통조림 옥수수 2큰술(생략 가능)
- 슈레드 피자 치즈 3큰술 (또는 슬라이스 치즈 1장)
- 하프 토마토케첩 2큰술
- 스리라차 소스 1큰술 (기호에 따라 가감)
- 소금 약간
- 통후추 간 것 약간
- 바질 페스토 1큰술

1 통조림 참치는 체에 밭쳐 기름기를 뺀다. 양파, 피망은 굵게 다진다.

2 큰 볼에 또띠아와 바질 페스토를 제외한 모든 재료를 넣어 골고루 섞는다.

3 또띠아에 바질 페스토를 골고루 펴 바른 후 ②를 중앙에 올린다.
또띠아 양옆을 접고 돌돌만다.

4 달군 팬에 기름을 두르지 않은 채 ③의 또띠아롤을 올린다.
약한 불에서 치즈가 녹으면서 겉면이 노릇해질 때까지 3~4분간 굽는다.
한 김 식힌 후 절반으로 썬다.
* 또띠아가 접힌 부분부터 팬에 닿도록 구워야 쉽게 풀리지 않아요.
* 썰지 않고 부리토처럼 그대로 들고 먹어도 좋아요.

Tip

에어프라이어에 굽기
팬 프라이 대신 에어프라이어에 구워도 돼요. 180°C에서 3~4분간 구워요.

넉넉하게 만들어 냉동하기
넉넉하게 만들어 냉동해두었다가 먹어도 좋은 메뉴입니다.
완성한 또띠아롤은 밀폐용기에 넣어 냉동으로 한 달간 보관 가능해요. 별도의 해동 없이 180°C로 예열한 오븐 또는 에어프라이어에 넣고 7분, 뒤집어 7~10분간 구워요.

425 kcal NO 불조리 고 식이섬유   탄수화물 44.0%   단백질 30.6%   지방 25.4%

참치 샐러드 또띠아롤

기본에 충실한 참치 또띠아롤입니다. 절인 오이를 샐러드에 넣어 포만감과 식감을,
홀그레인 머스터드와 은은한 딜 향의 소스로 특별함을 더했어요.
청량한 양상추와 토마토가 들어가 샐러드의 느낌이 물씬 나는 또띠아롤이랍니다.

통밀 또띠아롤

1인분 / 20~25분

- 통밀 또띠아 1장(20cm)
- 통조림 참치 작은 것 1캔(또는 시판 익힌 닭가슴살, 통조림 연어, 100g)
- 오이 1/2개(또는 양배추 3장, 100g)
- 양상추 3장(손바닥 크기, 또는 샐러드 채소, 45g)
- 방울토마토 2개(큰 것, 20g)
- 슬라이스 치즈 1장
- 식초 1/2큰술
- 소금 1/2작은술
- 저당 머스터드 소스 1큰술 (또는 하프 마요네즈)

딜 머스터드 소스

- 다진 양파 2큰술
- 다진 할라피뇨 2큰술(또는 피클)
- 하프 마요네즈 1큰술(또는 그릭 요거트)
- 홀그레인 머스터드 1작은술
- 꿀 1작은술(또는 알룰로스, 올리고당)
- 다진 딜 1작은술(생략 가능)
- 소금 약간
- 통후추 간 것 약간

1   오이와 방울토마토는 0.5cm 두께의 모양대로 썬다.

2   통조림 참치는 체에 밭쳐 기름기를 뺀다.
　　 큰 볼에 오이, 소금, 식초를 넣어 10분간 절인 후 물기를 꼭 짠다.

3   큰 볼에 ②의 참치, 절인 오이, 딜 머스터드 소스 재료를 넣어 골고루 섞는다.

4   달군 팬에 기름을 두르지 않고 또띠아를 넣어 약한 불에서 앞뒤로
　　 각각 30초씩 구운 후 덜어둔다.
　　 ＊ 또띠아를 구운 후 위생팩에 넣어 두면 마르지 않아요.

5   또띠아에 저당 머스터드 소스를 골고루 펴 바른 후 슬라이스 치즈를 올린다.

6   양상추, ③의 참치 샐러드, 방울토마토를 올린다.
　　 또띠아 양옆을 접고 돌돌 말아 절반으로 썬다.
　　 ＊ 단단하게 말고 싶다면 요리 랩을 활용해 고정시켜도 좋아요.

Tip

전자레인지로 또띠아 데우기
또띠아에 물을 약간 바른 후
전자레인지에 15초간 데워 사용해요.
단, 전자레인지로 데울 경우 수분 증발이
빨라 겉면이 부서질 수 있으니
속재료를 넣기 직전에 데워 사용해요.

434 kcal NO 불조리 트렌디 메뉴

탄수화물 41.3% 단백질 31.5% 지방 27.1%

쪽파 연어 또띠아롤 + 쪽파 스프레드

많은 사랑을 받는 쪽파 크림치즈 베이글과 연어 샌드위치를 또띠아롤로 변형시켰어요.
오메가3와 단백질이 풍부한 연어와 알싸한 맛이 일품인
쪽파 스프레드, 아삭한 채소의 어우러짐이 좋은 메뉴입니다.

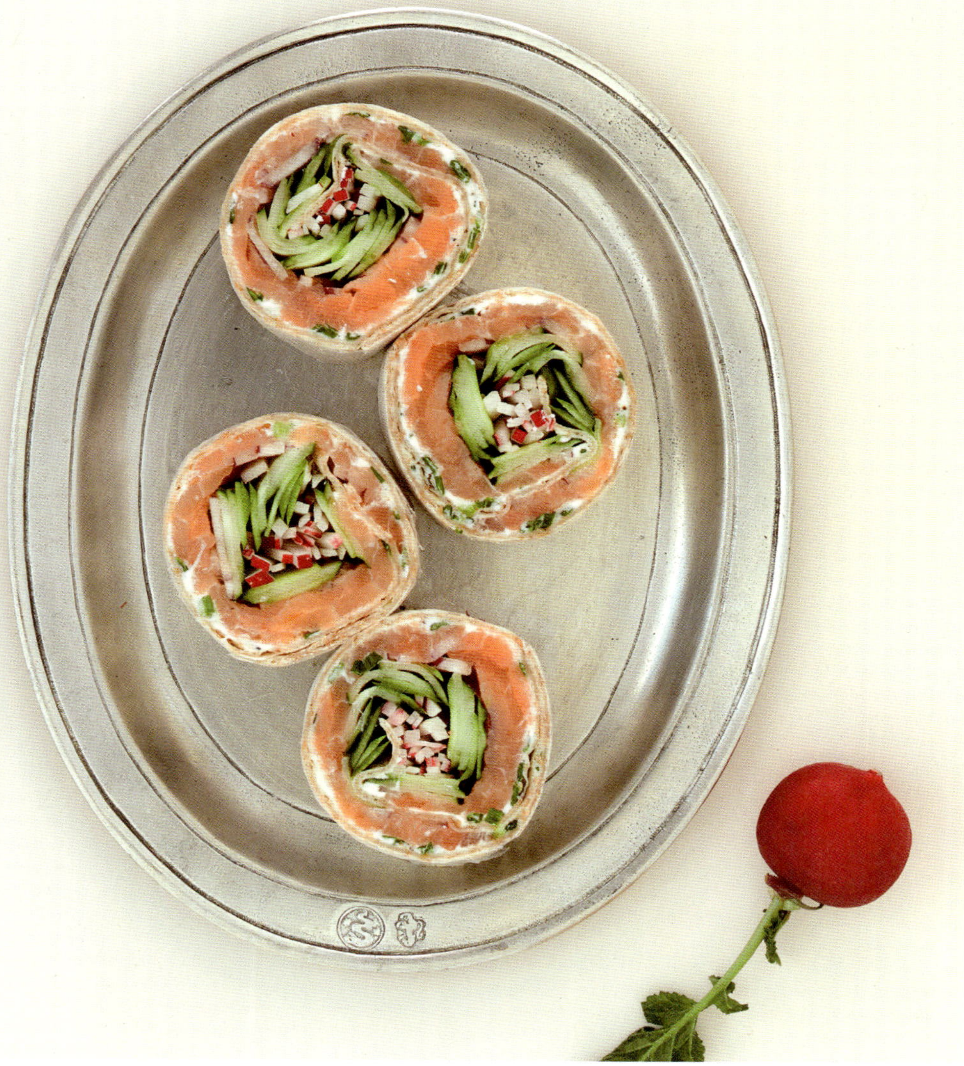

1인분 / 15~20분

- 통밀 또띠아 1장(20cm)
- 훈제연어 슬라이스 100g
  (또는 통조림 참치)
- 오이 1/2개(또는 양배추 3장, 100g)
- 적양파 1/4개(50g)
- 레디쉬 1개(생략 가능)

쪽파 스프레드
- 송송 썬 쪽파 2큰술
- 크림치즈 2큰술
- 하프 마요네즈 1큰술(또는 그릭 요거트)
- 레몬즙 1작은술
- 알룰로스 1작은술(또는 올리고당)
- 소금 약간
- 통후추 간 것 약간

1 오이는 필러로 얇게 슬라이스한다. 레디쉬는 가늘게 채 썬다.
   적양파는 가늘게 채 썰어 찬물에 담가 매운맛을 빼고 체에 밭쳐 물기를 제거한다.

2 볼에 쪽파 스프레드 재료를 넣어 섞는다.

3 달군 팬에 기름을 두르지 않고 또띠아를 넣어 약한 불에서 앞뒤로
   각각 30초씩 구운 후 덜어둔다.
   ★ 또띠아를 구운 후 위생팩에 넣어 두면 마르지 않아요.

4 또띠아에 ②의 쪽파 스프레드를 골고루 펴 바른다.

5 훈제연어 슬라이스를 또띠아 3/4지점까지 펴 올린 후 적양파를 골고루 뿌린다.

6 ①의 슬라이스 오이, 레디쉬를 올린다.
   또띠아 양옆을 접고 돌돌 말아 먹기 좋은 크기로 썬다.
   ★ 양옆을 접지 않고 사진처럼 김밥 말듯이 돌돌 말아 먹기 좋은 크기로 썰어도 좋아요.
   ★ 단단하게 말고 싶다면 요리 랩을 활용해 고정시켜도 좋아요.

Tip

전자레인지로 또띠아 데우기
또띠아에 물을 약간 바른 후
전자레인지에 15초간 데워 사용해요.
단, 전자레인지로 데울 경우 수분 증발이
빨라 겉면이 부서질 수 있으니
속재료를 넣기 직전에 데워 사용해요.

+PLUS RECIPE
또띠아롤 레시피 응용하기

[**돌돌 말 시간이 없다면,**
접어 먹는 또띠아나 샌드위치로 간편하게]

접어 먹는 또띠아로 쉽게 만들어요

또띠아에 스프레드를 펴 바른 후 아래처럼 나누어 속재료를 올려요. 또띠아의 양옆을 접은 후 아래에서 위로 접어 올리면 좀 더 간편히 만들 수 있답니다. 달군 팬에 식용유를 두르고 또띠아를 올려 약한 불에서 앞뒤로 각각 1분씩 구워 겉바속촉 또띠아로 즐겨도 맛있어요.

🔄 **이 또띠아롤에 어울리는 응용법이에요**

92쪽 으깬 당근과 단호박 또띠아롤 / 94쪽 굿모닝 또띠아롤 / 96쪽 양배추 라페 또띠아롤
121쪽 멜팅 치즈 패티 또띠아롤 / 134쪽 칠리 참치 또띠아롤 / 138쪽 쪽파 연어 또띠아롤

샌드위치로 즐겨요

통밀 또띠아 대신 구운 통밀빵(또는 호밀빵) 2조각에
메뉴 속 스프레드를 바르고 나머지 재료를 올린 후
빵으로 덮어 샌드위치로 즐겨도 좋아요.
내용물이 많은 메뉴는 오픈 샌드위치로 먹거나
랩이나 종이 포일로 감싸 속재료를 고정시키면
완성도 높게 만들 수 있어요.

🕒 이 또띠아롤에 어울리는 응용법이에요

94쪽 굿모닝 또띠아롤 / 96쪽 양배추 라페 또띠아롤
98쪽 닭가슴살 코울슬로 또띠아롤 / 102쪽 올리브 치킨 또띠아롤
112쪽 땅콩버터 사과 또띠아롤 / 120쪽 오이 듬뿍 쌈장 제육 또띠아롤
121쪽 멜팅 치즈 패티 또띠아롤 / 136쪽 참치 샐러드 또띠아롤
138쪽 쪽파 연어 또띠아롤

[홈파티를 준비한다면,]
파히타나 피자, 카나페 등으로 근사하게

멕시칸 요리 파히타로 준비해요

속재료와 또띠아를 따로 담아 각자 싸서 먹는
파히타를 만들어보세요. 구운 또띠아는 4~6등분하고
모든 재료는 한입 크기 또는 채 썰어 접시에 담아요.
레시피에 소스가 있다면 곁들여 자유롭게 올려 먹어요.
또띠아를 늘리고 싶다면, 탄단지 밸런스를 위해
최대 2장까지만 가능합니다.

🕒 이 또띠아롤에 어울리는 응용법이에요

102쪽 올리브 치킨 또띠아롤 / 107쪽 수블라키 또띠아롤
126쪽 쇠고기 타코 또띠아롤

+PLUS RECIPE

또띠아 피자로 연출해요

또띠아에 모든 재료를 토핑처럼 올려 피자처럼
즐겨도 좋아요. 재료들이 서로 잘 붙게 하려면
또띠아를 구울 때 슈레드 피자 치즈 10~20g을 뿌리고
치즈를 녹인 후 재료들을 올려요. 기호에 따라
쿠꼴라, 어린잎 채소, 채 썬 쌈 채소를 풍성히 올려도 좋고
그라나파다노 치즈 가루, 양파 플레이크, 다진 견과류를
추가해 식감과 지방 밸런스를 높여도 좋습니다.

⟳ **이 또띠아롤에 어울리는 응용법이에요**

94쪽 굿모닝 또띠아롤 / 98쪽 닭가슴살 코울슬로 또띠아롤 / 100쪽 고구마 불닭 또띠아롤
104쪽 치킨 핫도그 또띠아롤 / 106쪽 리코타 샐러드 또띠아롤 / 112쪽 땅콩버터 사과 또띠아롤
127쪽 쇠고기 가지 피자 또띠아롤 / 132쪽 시저 새우 또띠아롤

핑거푸드 카나페로 만들어요

통밀 또띠아 대신 통밀 크래커나 담백한 워터 크래커 위에
속재료를 토핑으로 올려 카나페를 만들어요.
또띠아를 한입 크기로 잘라 구워 활용해도 좋아요.
이렇게 핑거푸드로 만들면 건강한 술안주나 간식으로
제격이랍니다. 이때 속재료는 작은 크기로
잘라야 먹기도 편해요.

⟳ **이 또띠아롤에 어울리는 응용법이에요**

92쪽 으깬 당근과 단호박 또띠아롤 / 100쪽 고구마 불닭 또띠아롤
102쪽 올리브 치킨 또띠아롤 / 106쪽 리코타 샐러드 또띠아롤 / 112쪽 땅콩버터 사과 또띠아롤
132쪽 시저 새우 또띠아롤 / 134쪽 칠리 참치 또띠아롤 / 138쪽 쪽파 연어 또띠아롤

양상추쌈도 어울려요

또띠아 대신 양상추에 올려 쌈으로 즐겨도 좋아요.
중식 양상추쌈처럼 양상추를 손바닥 크기로
동그랗게 잘라 조금씩 담으면 더 멋진 비주얼이 완성됩니다.
이때 채소의 양에 따라 전체적인 간이 싱거워질 수 있으니,
스프레드나 양념에 간을 좀 더 추가해요.

⟳ **이 또띠아롤에 어울리는 응용법이에요**

102쪽 올리브 치킨 또띠아롤 / 104쪽 치킨 핫도그 또띠아롤
107쪽 수블라키 또띠아롤 / 115쪽 두부 김치 또띠아롤
120쪽 오이 듬뿍 쌈장 제육 또띠아롤 / 126쪽 쇠고기 타코 또띠아롤 /

[속재료가 남았다면, 다른 쌈재료로 돌돌 말아 새롭게]

또띠아 대신 김으로 돌돌 말아요

또띠아 대신 김밥 김에 양념한 현미밥 100g을 올려 펼친 후 또띠아롤에 들어가는 속재료를 넣고 돌돌 말아 김밥롤을 만들어도 좋아요. 또띠아롤에 소개된 스프레드는 생략해도 됩니다.
* 밥 양념 : 참기름 1작은술, 소금 약간, 통깨 약간

이 또띠아롤에 어울리는 응용법이에요
114쪽 오코노미야키 또띠아롤 / 115쪽 두부 김치 또띠아롤
120쪽 오이 듬뿍 쌈장 제육 또띠아롤
136쪽 참치 샐러드 또띠아롤

또띠아 대신 채소로 돌돌 말아요

속재료를 쌈 채소나 찐 양배추 등으로 말아 채소롤로 만들어도 좋아요. 간편하게 채소쌈으로 차려도 좋고요. 채소의 종류나 양에 따라 간이 싱거울 수 있으니 스프레드나 소스를 디핑소스로 곁들여 함께 먹어도 좋습니다.

이 또띠아롤에 어울리는 응용법이에요
98쪽 닭가슴살 코울슬로 또띠아롤 / 100쪽 고구마 불닭 또띠아롤
107쪽 수블라키 또띠아롤 / 114쪽 오코노미야키 또띠아롤
115쪽 두부 김치 또띠아롤 / 120쪽 오이 듬뿍 쌈장 제육 또띠아롤

CHAPTER 3

현미 라이스페이퍼 롤

라이스페이퍼는 최근 집에서도 자주 활용하는 식재료가 되었습니다. 쫄깃한 식감과 탄성이 있어 활용도가 높고 다양한 조리법으로 응용 가능하다는 장점이 있는 재료지요. 산뜻한 생채소를 넣어 월남쌈처럼 만든 메뉴부터 만두처럼 속을 채워 겉을 바삭하게 구운 메뉴까지, 익숙하고도 새로운 방식으로 다채롭게 다루었습니다. 영양 밸런스를 꼭꼭 채운 라이스페이퍼롤을 맛있고 건강하게 즐겨보세요.

465 kcal　초간단　고식이섬유　　　탄수화물 45.5%　단백질 24.8%　지방 29.6%

구운 두부 라이스페이퍼롤 + 깨 된장 디핑소스

구운 두부를 단백질 급원으로 활용한 비건 프렌들리 메뉴입니다.
노릇하게 구운 두부와 생채소를 김과 쌈케일로 감싸 라이스페이퍼에 말았어요.
고소한 깨 된장 디핑소스를 곁들여 아삭하면서도 고소한 맛이 매력적인 라이스페이퍼롤입니다.

현미 라이스페이퍼롤

1인분 / 20~25분

- 현미 라이스페이퍼 4장
- 두부 큰 팩 1/2모(150g)
- 적양배추 2장(또는 양배추, 60g)
- 파프리카 1/2개(또는 오이, 100g)
  * 적양배추, 파프리카는 동량의 다른 채소로 대체 가능
- 쌈케일 4장(또는 쌈 채소, 20g)
- 조미김 작은 것 8장(또는 구운 김 1장)
- 들기름 1작은술(또는 참기름)
- 소금 약간

깨 된장 디핑소스
- 통깨 간 것 2큰술
- 양조간장 1작은술
- 알룰로스 1작은술(또는 올리고당)
- 된장 1작은술(염도에 따라 가감)
- 들기름 1작은술(또는 참기름)

1 두부는 4등분한 뒤 키친타월 위에 올리고 소금을 뿌린다.
   물기가 어느 정도 빠지면 키친타월로 눌러 남은 물기를 제거한다.

2 적양배추, 파프리카는 0.5cm 두께로 채 썬다.
   작은 볼에 깨 된장 디핑소스 재료를 섞는다.

3 달군 팬에 들기름을 두른 후 중약 불에서 두부를 넣고
   사방을 노릇하게 굴러가며 3분간 굽는다.

4 넓은 그릇에 따뜻한 물을 담은 후 라이스페이퍼를 담가 부드럽게 만든다.
   라이스페이퍼 위에 쌈케일 1장, 조미김 2장, 두부와 채소를 1/4분량씩 올린다.
   라이스페이퍼 양옆을 안쪽으로 접고 돌돌 말아 절반으로 썬다.
   같은 방법으로 3개 더 만들어 깨 된장 디핑소스에 찍어 먹는다.

464 kcal　초간단　고 식이섬유　　탄수화물 45.0%　단백질 30.7%　지방 24.3%

두부 소보로 양배추 라이스페이퍼롤

수분기를 날려 쫄깃한 고기 식감으로 볶은 두부, 아삭한 식감의 양배추를 듬뿍 넣고
짭쪼름한 갈비 양념을 더해 맛의 완성도를 높인 라이스페이퍼롤입니다.
포만감과 영양 밸런스가 좋아 가벼운 한 끼로 적극 추천합니다.

1인분 / 20~25분

- 현미 라이스페이퍼 4장
- 두부 큰 팩 2/3모(부침용, 200g)
- 양배추 3장(손바닥 크기, 또는 알배기 배추, 90g)
- 파프리카 1/2개 (또는 자투리 채소, 100g)
- 영양부추 1/2줌 (또는 쪽파 2줄기, 10g)
- 달걀 1개

갈비 양념

- 다진 대파 1큰술
- 다진 마늘 1/2큰술
- 양조간장 1과 1/2큰술
- 알룰로스 1/2큰술(또는 올리고당)
- 통깨 1작은술
- 참기름 1작은술
- 후춧가루 약간

1 양배추는 0.5cm 두께로 썬다. 파프리카는 굵게 다진다.

2 영양부추는 송송 썬다. 작은 볼에 갈비 양념 재료를 섞는다.

3 두부는 키친타월로 눌러 물기를 제거한 후
달군 팬에 넣어 중간 불에서 으깨면서 2~3분간 겉면이 노릇하게 볶는다.

4 양배추, 파프리카를 넣어 1분간 볶은 후 갈비 양념을 넣어 1분간 더 볶는다.

5 달걀을 깨뜨려 넣어 가볍게 섞으며 익힌다.
불을 끄고 영양부추를 넣고 가볍게 섞어 한 김 식힌다.

6 넓은 그릇에 따뜻한 물을 담은 후 라이스페이퍼를 담가 부드럽게 만든다.
라이스페이퍼 위에 ⑤의 두부 소보로 1/4분량을 올린다.
라이스페이퍼 양옆을 안쪽으로 접고 돌돌 만다. 같은 방법으로 3개 더 만든다.

492 kcal   NO 불조리   트렌디 메뉴   고단백   고식이섬유   탄수화물 43.3%   단백질 35.6%   지방 21.0%

대왕 월남쌈롤 + 땅콩 디핑소스

SNS에서 유행했던 대왕 월남쌈롤에 탄단지 밸런스를 더했어요.
아삭한 생채소를 듬뿍 넣고, 양념한 닭가슴살을 넣어 든든하게 만들었답니다.
고소한 땅콩 디핑소스를 곁들여 커다랗게 한입에 가득 즐겨보세요.

현미 라이스페이퍼롤

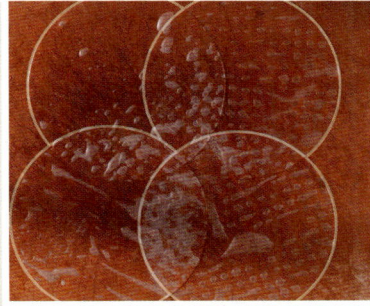

1인분 / 15~20분

- 현미 라이스페이퍼 4장
- 시판 익힌 닭가슴살 1개
  (또는 닭가슴살, 100g)
- 당근 1/4개 (50g)
- 파프리카 1/4개(50g)
- 적양배추 1장(또는 양배추, 30g)
  * 당근, 파프리카, 적양배추는
    동량의 다른 채소로 대체 가능
- 쌈케일 4장
  (손바닥 크기, 또는 쌈 채소, 20g)

닭가슴살 양념
- 하프 마요네즈 1큰술(또는 그릭 요거트)
- 스리라차 소스 1큰술
- 저당 머스터드 소스 1작은술
- 후춧가루 약간

땅콩 디핑소스
- 무첨가 땅콩버터 1큰술
- 생수 1큰술
- 양조간장 1큰술
- 레몬즙 1큰술
- 알룰로스 1작은술(또는 올리고당)

1. 닭가슴살을 결대로 찢는다.
2. 당근, 파프리카, 적양배추는 가늘게 채 썬다.
3. 볼에 닭가슴살, 닭가슴살 양념을 넣어 골고루 버무린다.
   다른 볼에 땅콩 디핑소스 재료를 넣어 골고루 섞는다.
4. 넓은 그릇에 따뜻한 물을 담은 후 라이스페이퍼를 담가 부드럽게 만든다.
   라이스페이퍼 4장을 약 2cm 정도씩 가장자리가 겹치게 열십(十)자로 놓는다.
5. 라이스페이퍼 위에 쌈케일을 펼쳐 올리고, ②의 채소, ③의 닭가슴살을 올린다.
   라이스페이퍼 양옆을 안쪽으로 접고 돌돌 말아 먹기 좋은 크기로 썬다.
   땅콩 디핑소스에 찍어 먹는다.

Tip

닭가슴살 직접 삶기
냄비에 닭가슴살, 잠길 만큼의 물,
청주 1큰술을 넣어 중간 불에서
10분간 삶아요. 젓가락으로 찔러
핏물이 나오면 조금 더 삶아요.
한 김 식힌 후 결대로 찢어 사용해요.

작은 버전으로 만들기
한꺼번에 돌돌 마는 것이 어렵다면,
4개의 라이스페이퍼를 각각 말아
작은 크기로 즐겨도 좋아요.

456 kcal 고 식이섬유   탄수화물 46.4% 단백질 34.1% 지방 19.5%

하얀 닭갈비 라이스페이퍼롤

신림동 백순대볶음을 닭가슴살로 닭갈비처럼 만들어 속재료로 활용했어요.
아삭한 채소를 듬뿍 볶아 식감을 더하고 닭가슴살로 단백질 밸런스를 채웠습니다.
들깻가루와 깻잎을 넣어 고소하고 향긋한 풍미를 배로 살렸어요.

 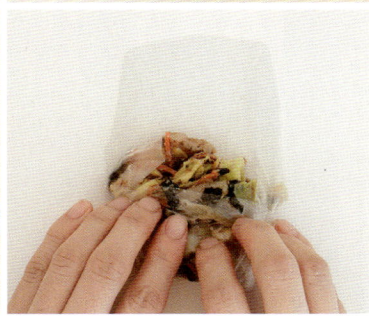

1인분 / 20~25분

- 현미 라이스페이퍼 4장
- 닭가슴살 1개(100g)
- 양배추 3장(손바닥 크기, 또는 알배기 배추, 90g)
- 양파 1/4개(50g)
- 당근 1/4개(50g)
  * 양배추, 양파, 당근은 동량의 다른 채소로 대체 가능
- 깻잎 10장(20g)
- 식용유 1작은술
- 멸치 액젓 1/2큰술(또는 까나리 액젓)
- 들기름 1큰술(또는 참기름)
- 들깻가루 1큰술(또는 통깨 간 것)

닭가슴살 밑간
- 맛술 1큰술
- 다진 마늘 1작은술
- 소금 1/3작은술
- 후춧가루 약간

1. 닭가슴살은 1cm 두께로 썰어 밑간 양념에 버무린다.
2. 양배추는 1cm 두께로 썬다. 당근, 양파는 0.5cm 두께로 채 썬다. 깻잎은 가늘게 채 썬다.
3. 달군 팬에 식용유를 두르고 ①의 닭가슴살을 넣어 중간 불에서 2분간 노릇하게 구운 후 접시에 덜어둔다.
4. ③의 팬에 양배추, 당근, 양파를 넣어 중간 불에서 1분, 멸치액젓을 넣어 1분간 더 볶는다.
5. ③의 닭가슴살, 깻잎, 들기름, 들깻가루를 넣어 가볍게 섞은 후 불을 끈다.
6. 넓은 그릇에 따뜻한 물을 담은 후 라이스페이퍼를 담가 부드럽게 만든다. 라이스페이퍼 위에 ⑤의 닭가슴살볶음 1/4분량을 올린다. 라이스페이퍼 양옆을 안쪽으로 접고 돌돌 만다. 같은 방법으로 3개 더 만든다.

438 kcal 고식이섬유   탄수화물 46.3%   단백질 30.2%   지방 23.6%

훈제오리 콩나물 냉채 라이스페이퍼롤 + 겨자 디핑소스

코끝이 찡한 매력의 겨자 냉채를 라이스페이퍼롤로 만들었어요.
훈제오리는 다진 마늘과 간장으로 감칠맛을 살렸고, 콩나물과 파프리카로
아삭한 식감을 더했습니다.

현미 라이스페이퍼롤

1인분 / 20~25분

- 현미 라이스페이퍼 4장
- 훈제오리 슬라이스 100g
  (또는 닭가슴살)
- 콩나물 2줌(또는 양배추, 100g)
- 파프리카 1/2개(또는 오이, 100g)
- 적양파 1/10개(또는 양파, 20g)
- 깻잎 8장(또는 쌈 채소, 16g)
- 생수 2큰술
- 소금 1/3작은술
- 다진 마늘 1/2큰술
- 양조간장 1/2큰술

콩나물 밑간
- 통깨 간 것 1큰술
- 참기름 1작은술
- 후춧가루 약간

겨자 디핑소스
- 연겨자 1작은술
  (또는 연와사비, 기호에 따라 가감)
- 알룰로스 1/2큰술(또는 올리고당)
- 양조간장 1큰술
- 식초 1큰술

1. 훈제오리 슬라이스는 체에 밭쳐 뜨거운 물을 부어 기름과 불순물을 제거한다.
2. 내열용기에 콩나물, 생수, 소금을 넣어 뚜껑을 덮고 전자레인지에 3분간 익힌다.
   뚜껑을 열고 한 김 식힌다.
3. 볼에 ②의 콩나물, 콩나물 밑간 재료를 넣어 버무린다. 작은 볼에 겨자 디핑소스 재료를 섞는다.
4. 적양파는 가늘게 채 썰어 찬물에 담가 매운맛을 빼고 체에 밭쳐 물기를 제거한다.
   파프리카는 0.5cm 두께로 채 썬다.
5. 달군 팬에 ①의 훈제오리를 넣고 중간 불에서 2분간 구운 후
   다진 마늘, 양조간장을 넣어 30초간 더 볶아 접시에 덜어둔다.
   * 훈제오리를 구운 후 기름을 키친타월로 거의 닦아내고 볶아도 좋아요.
6. 넓은 그릇에 따뜻한 물을 담은 후 라이스페이퍼를 담가 부드럽게 만든다.
   라이스페이퍼 위에 깻잎 2장, 콩나물과 채소, 훈제오리를 1/4분량씩 올린다.
   라이스페이퍼 양옆을 안쪽으로 접고 돌돌 만다.
   같은 방법으로 3개 더 만들어 겨자 디핑소스에 찍어 먹는다.

407 kcal 고 식이섬유 탄수화물 47.7% 단백질 33.2% 지방 19.0%

베트남풍 반미 라이스페이퍼롤

반미(Bánh Mì)는 쌀가루를 섞어 만든 베트남식 바게트예요.
반미에 절인 채소, 고기, 고수 등을 넣어 만든 샌드위치가 '반미 샌드위치'랍니다.
반미 샌드위치 속재료를 라이스페이퍼로 감싸 가볍게 즐겨보세요.
라임즙과 피시소스를 사용한 양념, 함께 곁들인 고수 덕분에 제법 이국적인 풍미가 난답니다.

1인분 / 20~25분

- 현미 라이스페이퍼 4장
- 돼지고기 불고기용 100g
  (또는 안심)
- 양상추 3장(또는 샐러드 채소, 45g)
- 적양파 1/10개(또는 양파, 20g)
- 다진 땅콩 1큰술
  (또는 다른 견과류 다진 것)
- 고수 약간(생략 가능)
- 식용유 1작은술

무 당근 절임
- 무 100g(지름 10cm, 두께 1cm)
- 당근 1/4개(50g)
  ★ 무, 당근은 동량의 다른
  채소로 대체 가능
- 라임즙 1큰술(또는 레몬즙)
- 알룰로스 1/2큰술(또는 올리고당)
- 소금 1/3작은술
- 크러시드 페퍼 1/2작은술
  (생략 가능, 기호에 따라 가감)

돼지고기 밑간
- 맛술 1큰술
- 피시소스 1/2큰술(또는 액젓)
- 후춧가루 약간

1. 무, 당근은 0.5cm 두께로 채 썬다.
   볼에 채 썬 무와 당근, 나머지 무 당근 절임 재료를 넣고 10분간 절여 물기를 꼭 짠다.

2. 돼지고기는 키친타월로 감싸 핏물을 제거하고 한입 크기로 썬다.
   볼에 담고 돼지고기 밑간 재료를 넣어 버무려 5분간 재운다.

3. 양상추는 1cm 두께로 썬다.
   적양파는 가늘게 채 썰어 찬물에 담가 매운맛을 빼고 체에 밭쳐 물기를 제거한다.

4. 달군 팬에 식용유를 두르고 ②의 돼지고기를 넣어 중강 불에서 3분간 볶는다.
   ★ 고기가 타지 않도록 저어가며 바싹 볶아요.

5. 넓은 그릇에 따뜻한 물을 담은 후 라이스페이퍼를 담가 부드럽게 만든다.
   라이스페이퍼 위에 모든 재료를 1/4분량씩 올린다.

6. 라이스페이퍼 양옆을 안쪽으로 접고 돌돌 만다. 같은 방법으로 3개 더 만든다.

426 kcal 고식이섬유 저자추천   탄수화물 48.0%   단백질 33.7%   지방 18.3%

돼지불고기 쑥갓 양배추쌈 라이스페이퍼롤

익힌 양배추와 쑥갓을 넣은 한국식 쌈밥 스타일의 라이스페이퍼롤입니다.
간장 양념에 볶아낸 고기와 아삭한 오이고추로 쌈밥을 먹는 듯한 맛을 구현했어요.
함께 들어간 쑥갓 향이 매력적인 메뉴입니다.

1인분 / 15~20분

- 현미 라이스페이퍼 4장
- 돼지고기 안심 100g
  (또는 불고기용, 뒷다리살)
- 양배추 3장(손바닥 크기, 90g)
- 쑥갓 1/2줌(또는 쌈 채소, 35g)
- 오이고추 2개(또는 파프리카)
- 쌈장 1작은술(또는 고추장)

돼지고기 양념
- 다진 마늘 1/2큰술
- 양조간장 1/2큰술
- 맛술 1/2큰술
- 참기름 1작은술
- 후춧가루 약간

1. 돼지고기 안심은 키친타월로 감싸 핏물을 제거하고 1cm 두께로 채 썰어 돼지고기 양념에 버무린다.
2. 양배추는 2등분한 후 내열용기에 넣고 뚜껑을 덮어 전자레인지에서 2분간 익힌다. 뚜껑을 열고 한 김 식힌다.
3. 달군 팬에 ①의 돼지고기를 넣어 중강 불에서 3분간 볶는다.
   ★ 고기가 타지 않도록 저어가며 바싹 볶아요.
4. 넓은 그릇에 따뜻한 물을 담은 후 라이스페이퍼를 담가 부드럽게 만든다. 라이스페이퍼 4장을 약 2cm 정도씩 가장자리가 겹치게 열십(十)자로 놓는다.
5. 라이스페이퍼 위에 양배추를 깔고 오이고추, 쌈장을 펴 올린다.
6. ③의 돼지고기, 쑥갓을 올린다. 라이스페이퍼 양옆을 안쪽으로 접고 돌돌 말아 먹기 좋은 크기로 썬다.

433 kcal NO 불조리 트렌디 메뉴 고단백 고 식이섬유 탄수화물 45.1% 단백질 35.0% 지방 20.0%

간단 샤부찜 라이스페이퍼롤 + 땅콩 간장 디핑소스

샤부샤부 레스토랑에서 즐겨 먹는 월남쌈을 전자레인지로 간단히 만들 수 있어요.
집에 있는 채소들을 냉털하기도 좋은 메뉴랍니다. 고소한 땅콩 간장 디핑소스와
스윗 스리라차 디핑소스 2가지를 소개하니 기호게 맞게 찍어 먹어요.

* 스윗 스리라차 디핑소스를 곁들일 경우 총 396Kcal(탄수화물 47.3% : 단백질 41.1% : 지방 11.7%)입니다.

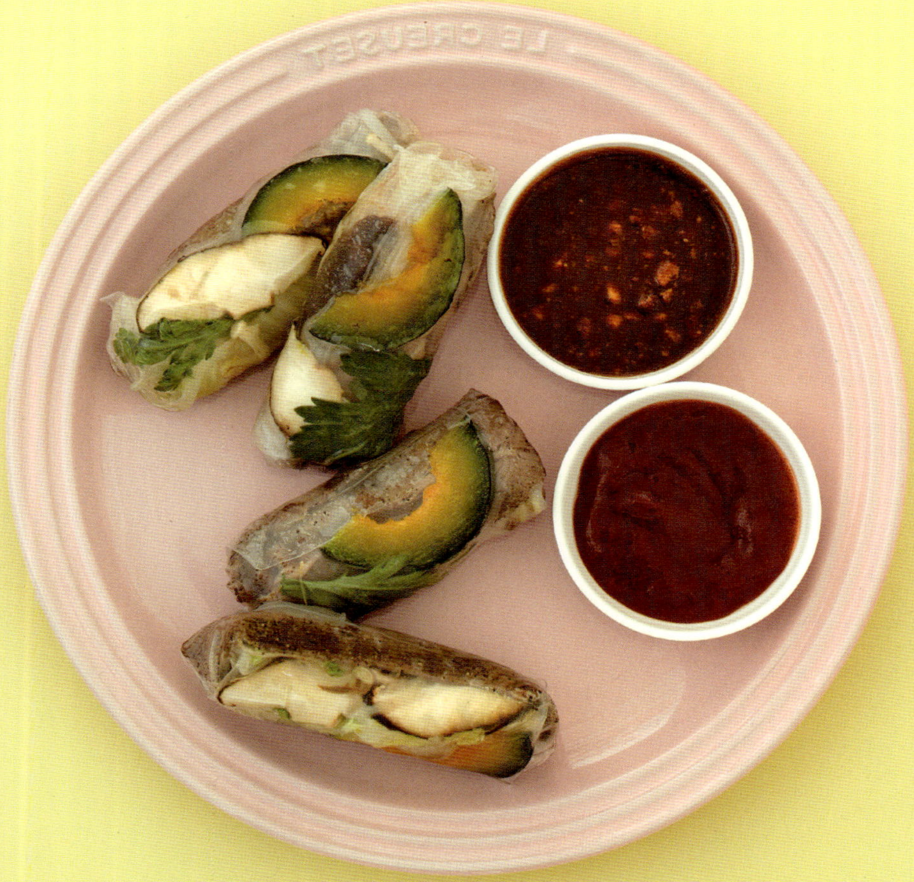

1인분 / 15~20분

- 현미 라이스페이퍼 4장
- 쇠고기 샤부샤부용 150g
  (또는 쇠고기 불고기용, 냉동 생새우살)
- 샤부샤부용 채소 300g
  (알배기 배추, 숙주, 팽이버섯,
  표고버섯, 단호박, 쑥갓 등)
- 대파 10cm

쇠고기 밑간
- 맛술 1큰술
- 양조간장 1작은술
- 소금 약간
- 후춧가루 약간

소스1(땅콩 간장 디핑소스)
- 땅콩버터 1큰술
- 양조간장 1/2큰술
- 식초 1/2큰술
- 알룰로스 1작은술(또는 올리고당)

소스2(스윗 스리라차 디핑소스)
- 스리라차 소스 1큰술
- 하프 토마토케첩 1/2큰술
- 양조간장 1작은술
- 알룰로스 1작은술(또는 올리고당)

1 쇠고기는 키친타월에 올려 핏물을 제거하고 쇠고기 밑간 재료를 뿌려둔다.
2 샤부샤부용 채소는 한입 크기로 썰거나 모양대로 얇게 썬다. 대파는 송송 썬다.
3 내열용기에 샤부샤부용 채소를 깔고, ①의 쇠고기, 송송 썬 대파를 올려 뚜껑을 덮는다.
   전자레인지에서 2분 익힌 후 쇠고기를 뒤집고 다시 뚜껑을 덮어 2분간 더 익힌다.
4 작은 볼에 원하는 소스를 만든다.
5 넓은 그릇에 따뜻한 물을 담은 후 라이스페이퍼를 담가 부드럽게 만든다.
6 라이스페이퍼 위에 ③의 샤부찜 1/4분량을 올린다.
   라이스페이퍼 양옆을 안쪽으로 접고 돌돌 만다.
   같은 방법으로 3개 더 만들어 디핑소스에 찍어 먹는다.

Tip

심플 채소찜으로 즐기기
라이스페이퍼 없이 채소찜으로
즐겨도 맛있어요. 이때 채소나 단백질
재료를 50g 정도 늘려도 좋습니다.

471 kcal 고식이섬유 저자추천   탄수화물 49.6%   단백질 30.7%   지방 19.7%

새우 토마토 샐러드 라이스페이퍼롤 + 아보카도 요거트 디핑소스

상큼한 샐러드를 라이스페이퍼에 감싸고 아보카도 크림을 디핑소스로 곁들였어요.
탱글한 새우는 단백질을, 요거트와 아보카도로 만든 디핑소스는 건강한 지방섭취를 도와준답니다.
산뜻한 샐러드와 크리미한 소스가 잘 어우러지는 라이스페이퍼롤을 즐겨보세요.

현미 라이스페이퍼롤

1인분 / 20~25분

- 현미 라이스페이퍼 6장

새우 토마토 샐러드
- 냉동 생새우살 10마리
  (중간 크기, 또는 닭가슴살, 100g)
- 방울토마토 5개(또는 파프리카, 75g)
- 어린잎 채소 2줌(또는 샐러드 채소, 40g)
- 당근 라페 약 1/3컵
  (또는 양배추 라페, 30g)
  * 만들기 30쪽
- 통조림 옥수수 2큰술 (또는 올리브)
- 다진 적양파 1큰술(또는 양파)
- 다진 이탈리안 파슬리 1작은술(생략 가능)

레몬 드레싱
- 레몬즙 1큰술
- 올리브유 1작은술
- 소금 약간
- 통후추 간 것 약간

아보카도 요거트 디핑소스
- 아보카도 1/2개(100g)
- 그릭 요거트 2큰술
- 레몬즙 1큰술
- 알룰로스 1/2큰술(또는 올리고당)
- 소금 1/3작은술
- 통후추 간 것 약간

1 냄비에 물 2컵을 끓인다. 물이 끓어오르면 냉동 생새우살, 청주 1큰술을 넣어 중간 불에서 2분간 데친 후 찬물에 헹구고 체에 밭쳐 물기를 제거한다.

2 방울토마토는 모양대로 4등분한다. 큰 볼에 레몬 드레싱 재료를 섞는다.

3 ②의 볼에 새우 토마토 샐러드 재료를 넣어 가볍게 버무린다.

4 볼에 손질한 아보카도를 넣어 포크나 매셔로 으깬 후 나머지 아보카도 요거트 디핑소스 재료를 넣어 골고루 섞는다.

5 넓은 그릇에 따뜻한 물을 담은 후 라이스페이퍼를 담가 부드럽게 만든다. 라이스페이퍼 위에 ③의 샐러드 1/6분량을 올린다. 라이스페이퍼 양옆을 안쪽으로 접고 돌돌 만다.

6 같은 방법으로 5개 더 만든다. 아보카도 요거트 디핑소스에 찍어 먹는다.

Tip

아보카도 손질하기

❶ 아보카도 씨에 칼이 닿도록 깊숙하게 꽂은 후 돌려가며 칼집을 내요.

❷ 아보카도를 비틀어서 두 쪽으로 나눠요.

❸ 씨는 칼날을 꽂아 고정한 후 비틀어 제거해요.

❹ 손으로 껍질을 제거하거나 숟가락을 껍질 속에 깊숙이 넣어 과육을 퍼내요.

484 kcal 고단백   탄수화물 41.6%   단백질 38.7%   지방 19.7%

참치 볶음김치와 깻잎 달걀 라이스페이퍼롤

볶음김치를 넣은 K-푸드 스타일의 라이스페이퍼롤이에요.
김치는 최소한의 양념으로 식감과 풍미를 살려 볶았고, 달걀지단을 넣어 좀 더 수월하게
말 수 있도록 했어요. 깻잎 향과 참치 볶음김치의 조화가 참 좋은 메뉴랍니다.

현미 라이스페이퍼롤

1인분 / 20~25분

- 현미 라이스페이퍼 4장
- 달걀 2개
- 통조림 참치 작은 것 1캔(또는 삶은 닭가슴살, 통조림 연어, 100g)
- 배추김치 1/2컵(75g)
- 양파 1/4개(50g)
- 대파 흰 부분 10cm
- 깻잎 10장(또는 시금치 1/2줌, 20g)
- 소금 약간
- 후춧가루 약간
- 식용유 약간
- 들기름 1작은술(또는 참기름)
- 통깨 약간

1. 통조림 참치는 체에 밭쳐 기름기를 뺀다. 양파는 0.5cm 두께로 썰고 대파는 송송 썬다. 배추김치는 흐르는 물에 가볍게 헹궈 물기를 꼭 짠 후 1cm 두께로 썬다.

2. 깻잎은 길게 2등분한 후 1cm 두께로 썬다. 볼에 달걀, 소금, 후춧가루를 넣어 푼 후 깻잎을 넣고 가볍게 섞는다.

3. 약한 불로 달군 팬에 식용유를 키친타월로 펴 바른 후 ②의 깻잎 달걀물을 붓는다. 팬을 기울여 팬 전체에 펼치고 2분간 익힌 후 뒤집어 1분간 더 익힌다.

4. 팬을 닦고 다시 달궈 들기름을 두르고 배추김치, 양파, 대파를 넣어 중간 불에서 2분간 볶는다. 참치, 후춧가루를 넣고 1분간 더 볶은 후 통깨를 뿌린다. 가볍게 섞은 후 불을 끈다.

5. 넓은 그릇에 따뜻한 물을 담은 후 라이스페이퍼를 담가 부드럽게 만든다. 라이스페이퍼 4장을 약 2cm 정도씩 가장자리가 겹치게 열십(十)자로 놓는다.

6. ③의 깻잎 달걀지단을 올린 후 ④의 참치 볶음김치를 올린다. 라이스페이퍼 양옆을 안쪽으로 접고 돌돌 말아 먹기 좋은 크기로 썬다.

403 kcal 초간단 저자추천   탄수화물 48.4%   단백질 32.5%   지방 19.2%

매콤 게맛살 오이 라이스페이퍼롤 + 매콤 스리라차 디핑소스

매콤한 스리라차 소스가 매력적인 라이스페이퍼롤입니다.
아삭한 오이와 양상추로 청량함을 더하고 달걀과 게맛살을 넣어 단백질 밸런스를 잡았어요.

1인분 / 20~25분

- 현미 라이스페이퍼 4장
- 달걀 2개
- 게맛살 짧은 것 4개
  (또는 통조림 참치 작은 것, 80g)
- 오이 1/2개(또는 파프리카, 100g)
- 양상추 3장(손바닥 크기,
  또는 쌈 채소, 45g)
- 레디쉬 2개(생략 가능)
- 소금 약간
- 통후추 간 것 약간
- 식용유 약간

매콤 스리라차 디핑소스
- 그릭 요거트 1큰술(또는 하프 마요네즈)
- 스리라차 소스 1큰술(기호에 따라 가감)
- 알룰로스 1작은술(또는 올리고당)
- 소금 약간
- 통후추 간 것 약간

1. 볼에 달걀, 소금을 넣어 푼다. 오이는 필러로 얇게 슬라이스하고 양상추는 1cm 두께로 썬다. 레디쉬는 모양대로 얇게 썬다.
2. 볼에 매콤 스리라차 디핑소스 재료를 넣고 섞는다. 다른 볼에 게맛살을 가늘게 찢어 넣고 매콤 스리라차 디핑소스 1/2큰술, 통후추 간 것 약간을 넣어 버무려둔다.
3. 약한 불로 달군 팬에 식용유를 키친타월로 펴 바른다. ①의 달걀물을 붓고 팬을 기울여 펼친 후 약한 불에서 2분간 익힌다. 뒤집어서 30초 더 익힌다.
4. ③의 달걀은 2등분한 후 가늘게 채 썬다.
5. 넓은 그릇에 따뜻한 물을 담은 후 라이스페이퍼를 담가 부드럽게 만든다. 라이스페이퍼 위에 오이와 레디쉬 1/4분량씩을 겹쳐가며 올린다.
6. ④의 달걀지단, 양상추, ②의 게맛살을 1/4분량씩 올린다. 라이스페이퍼 양옆을 안쪽으로 접고 돌돌 만다. 같은 방법으로 3개 더 만든 후 매콤 스리라차 디핑소스에 찍어 먹는다.

521 kcal  탄수화물 45.1% 단백질 26.5% 지방 28.3%

두부면 김말이 라이스페이퍼롤 + 매콤 땅콩 디핑소스

떡볶이의 영원한 친구 김말이를 두부면과 라이스페이퍼를 활용해 건강하게 만들었어요.
아삭한 채소와 쫄깃한 버섯볶음을 넣어 식감을 더하고, 롤째로 팬에 구워내 튀김 같은 바삭함을 구현했습니다.
매콤한 소스에 찍어 먹으면 분식 느낌 가득하면서도 가벼운 한 끼가 된답니다.

현미 라이스페이퍼롤

346 kcal 고단백　　　탄수화물 38.0%　단백질 39.0%　지방 23.1%

유린기 라이스페이퍼롤

유린기는 튀긴 닭고기에 새콤달콤한 간장 소스와 아삭한 양상추를 곁들인 중식 요리입니다. 기름에 튀기는 대신 현미 라이스페이퍼를 튀김옷처럼 바삭하게 굽고, 부드러운 닭안심을 사용해 건강한 라이스페이퍼롤로 만들었어요. 매콤 상큼한 저열량 간장 소스로 감칠맛도 더했답니다.

두부면 김말이 라이스페이퍼롤

1인분 / 20~25분

- 현미 라이스페이퍼 6장
- 김밥 김 1과 1/2장(또는 조미김 6장)
- 두부면 1팩(100g)
- 당근 1/4개(또는 양배추, 50g)
- 쫄깃 버섯볶음 약 1/2컵(25g)
  * 만들기 30쪽
- 쪽파 2줄기(또는 부추, 16g)
- 올리브유 1/2큰술

들기름 양념
- 양조간장 1큰술
- 알룰로스 1/2큰술(또는 올리고당)
- 들기름 1큰술(또는 참기름)
- 후춧가루 약간

매콤 땅콩 디핑소스
- 다진 땅콩 1큰술
  (또는 다른 견과류 다진 것)
- 하프 토마토케첩 1큰술
- 양조간장 1작은술
- 고추장 1작은술(생략 가능)
- 후춧가루 약간

1. 두부면은 체에 밭쳐 물기를 제거한다.
2. 당근은 가늘게 채 썬다. 쪽파는 송송 썬다.
   작은 볼에 매콤 땅콩 디핑소스 재료를 넣어 섞는다.
3. 큰 볼에 들기름 양념 재료를 넣어 섞는다.
4. ③의 볼에 두부면, 당근, 쪽파, 쫄깃 버섯볶음을 넣어
   골고루 섞는다.
5. 김밥 김은 4등분한다.
6. 김에 ④의 두부면 1/6분량을 올려 돌돌 만다.
   같은 방법으로 5개 더 만든다.
7. 넓은 그릇에 따뜻한 물을 담은 후 라이스페이퍼를 담가
   부드럽게 만든다. 라이스페이퍼 위에 ⑥의 김말이를 올린다.
   라이스페이퍼 양옆을 안쪽으로 접고 돌돌 만다.
   같은 방법으로 5개 더 만든다.
8. 달군 팬에 올리브유를 두르고 ⑦의 김말이를 넣어
   중약 불에서 3분간 노릇하게 굴려가며 굽는다.
   매콤 땅콩 소스에 찍어 먹는다.
   * 바삭하게 익기 전엔 라이스페이퍼끼리 들러붙을 수 있으니
   간격을 두고 구워요.

Tip

에어프라이어에 굽기
팬 프라이 대신 에어프라이어에 구워도 좋아요.
에어프라이어 팬에 기름을 약간 두른 후 롤을 올려
180℃에서 10~15분간 구워요.

유린기 라이스페이퍼롤

1인분 / 20~25분

- 사각 라이스페이퍼 2장(또는 현미 라이스페이퍼)
- 닭안심 4쪽(또는 닭가슴살, 100g)
- 양상추 4장(손바닥 크기, 또는 샐러드 채소, 50g)
- 레디쉬 1개(생략 가능)
- 식용유 1큰술

닭안심 밑간
- 맛술 1작은술
- 소금 약간
- 후춧가루 약간

간장 소스
- 송송 썬 청고추 1개 분량
- 송송 썬 홍고추 1개 분량 (고추는 기호에 따라 가감)
- 다진 파 1큰술
- 다진 마늘 1/2큰술
- 양조간장 1과 1/2큰술
- 레몬즙 1큰술
- 식초 1큰술
- 알룰로스 1/2큰술(또는 올리고당)
- 참기름 1작은술

1. 닭안심은 힘줄을 제거하고 2등분한다.
2. 볼에 닭안심, 닭안심 밑간 재료를 넣어 섞는다.
3. 작은 볼에 간장 소스 재료를 넣어 섞는다.
4. 양상추는 1cm 두께로 썰고, 레디쉬는 모양대로 얇게 썬다.
5. 라이스페이퍼는 4등분한다. 넓은 그릇에 따뜻한 물을 담은 후 라이스페이퍼를 담가 부드럽게 만든다.
   ★ 라이스페이퍼는 종류와 크기에 따라 2등분하고 갯수는 4장으로 늘려도 좋아요.
6. 라이스페이퍼에 ②의 닭안심을 올린다. 라이스페이퍼 양옆을 안쪽으로 접고 돌돌 만다. 같은 방법으로 7개 더 만든다.
7. 달군 팬에 식용유를 두르고 ⑥의 닭안심롤을 넣어 중간 불에서 3~4분간 뒤집어가며 노릇하게 굽는다.
   ★ 바삭하게 익기 전엔 라이스페이퍼끼리 들러붙을 수 있으니 간격을 두고 구워요.
8. 접시에 양상추, 레디쉬를 담고, ⑦의 닭안심롤을 올린 후 간장 소스를 붓는다.

Tip

에어프라이어에 굽기
팬 프라이 대신 에어프라이어에 구워도 좋아요.
에어프라이어 팬에 기름을 약간 두른 후 롤을 올려 180°C에서 10~15분간 구워요.

565 kcal 고 식이섬유 저자 추천

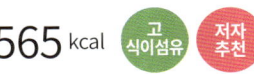

탄수화물 44.3% 단백질 30.4% 지방 25.3%

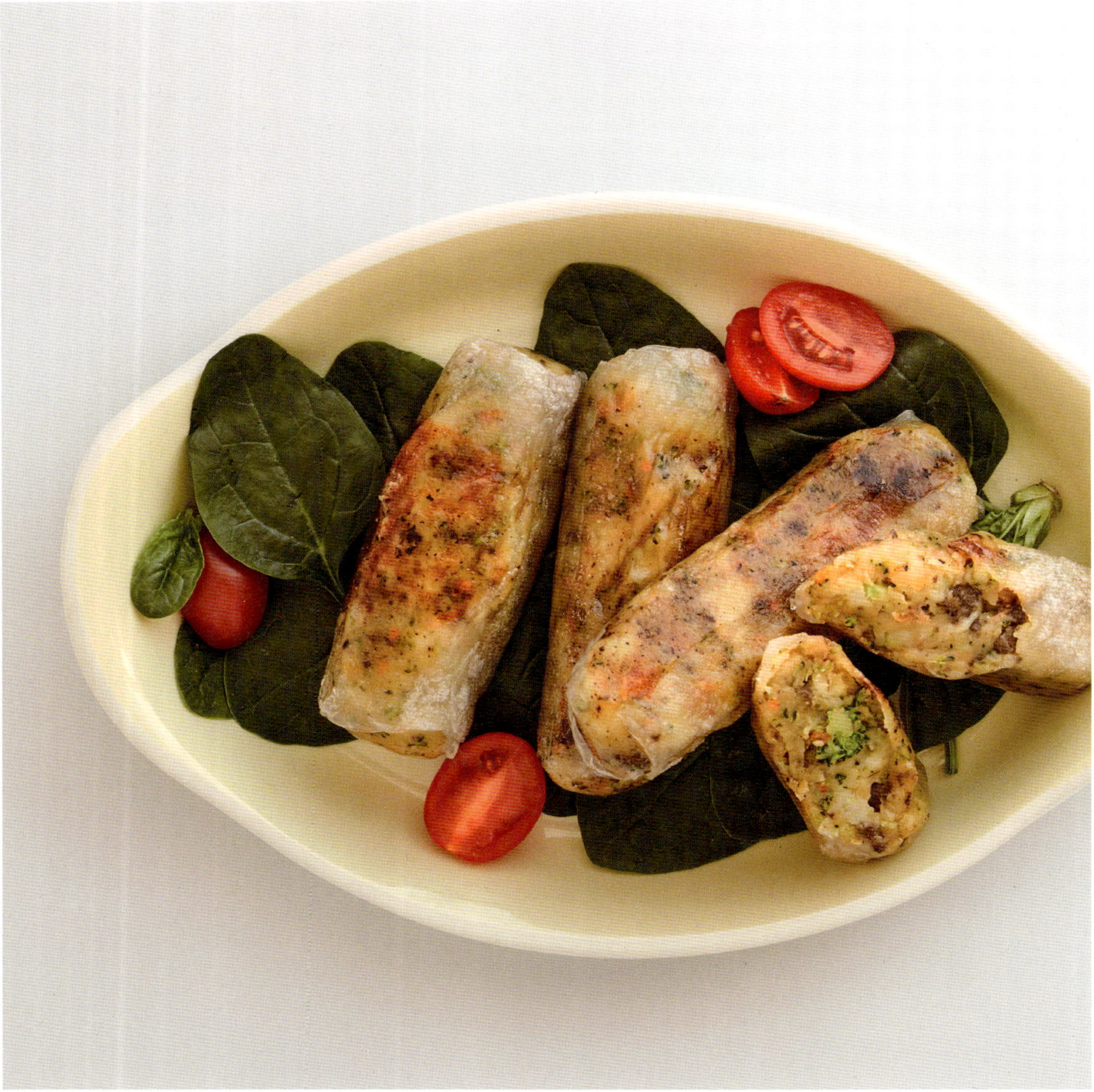

브로콜리 고로케 라이스페이퍼롤

든든한 속재로를 빵가루에 입혀 바삭하게 튀겨낸 고로케를 가볍게 재해석했어요.
브로콜리를 듬뿍 넣어 식감과 영양을 업그레이드하고, 쇠고기볶음으로 단백질을 더했습니다.
카레 가루로 감칠맛을 살려 고로케처럼 바삭하게 구워낸 라이스페이퍼롤을 즐겨보세요.

1인분 / 20~25분

- 현미 라이스페이퍼 4장
- 감자 1개(작은 크기, 또는 고구마, 150g)
- 브로콜리 1/3송이(또는 양배추, 100g)
- 양파 1/4개(50g)
- 당근 1/4개(50g)
  * 양파, 당근은 동량의 다른 채소로 대체 가능
- 바싹 쇠고기볶음 약 1/2컵(60g)
  * 만들기 30쪽
- 슈레드 피자 치즈 2큰술
  (또는 그라나파다노 치즈 간 것)
- 다진 호두 1큰술
  (또는 다른 견과류 다진 것)
- 올리브유 1/2큰술 + 1/2큰술
- 소금 약간
- 통후추 간 것 약간
- 카레가루 1큰술
- 생수 2큰술

1 감자는 껍질을 벗겨 한입 크기로 썬다.
   내열용기에 넣고 뚜껑을 덮어 전자레인지에서 3분간 익힌 후 포크나 매셔로 으깬다.

2 브로콜리, 양파, 당근은 굵게 다진다.

3 달군 팬에 올리브유 1/2큰술을 두르고 ②의 채소, 소금, 통후추 간 것을 넣어
   중간 불에서 1분간 볶는다. 카레가루, 생수를 넣어 1분간 더 볶는다.

4 큰 볼에 ①의 감자, ③의 볶은 채소, 바싹 쇠고기볶음, 슈레드 피자 치즈,
   다진 호두를 넣어 골고루 섞는다.

5 넓은 그릇에 따뜻한 물을 담은 후 라이스페이퍼를 담가 부드럽게 만든다.
   라이스페이퍼 위에 ④의 반죽을 1/4분량씩 올린다.
   라이스페이퍼 양옆을 안쪽으로 접고 돌돌 만다. 같은 방법으로 3개 더 만든다.

6 달군 팬에 올리브유 1/2큰술을 두르고 ⑤의 고로케롤을 넣어
   중약 불에서 3분간 노릇하게 굴려가며 굽는다.
   * 바삭하게 익기 전엔 라이스페이퍼끼리 들러붙을 수 있으니 간격을 두고 구워요.

Tip

에어프라이어에 굽기
팬 프라이 대신 에어프라이어에 구워도 좋아요. 에어프라이어 팬에 기름을 약간 두른 후 롤을 올려 180℃에서 10~15분간 구워요. 80℃에서 3~4분간 구워요.

소스 곁들이기
토마토케첩을 곁들여도 잘 어울려요. 매콤하게 즐기고 싶다면 스리라차 소스에 찍어 먹어요.

421 kcal 트렌디 메뉴 고 식이섬유 탄수화물 47.1% 단백질 33.0% 지방 19.8%

애호박 새우 만두 라이스페이퍼롤 + 초간장

애호박과 다진 새우를 듬뿍 넣어 만든 만두 스타일의 라이스페이퍼롤입니다.
간단하게 만두처럼 굽고 새우를 넣어 단백질 밸런스를 잡았어요.
내용물의 물기를 최대한 제거하기 위해 전분가루를 사용했어요.

1인분 / 20~25분

- 현미 라이스페이퍼 4장
- 소금 1/2작은술
- 통깨 2큰술(또는 검정깨)
- 올리브유 1/2큰술

애호박 새우 만두소
- 냉동 생새우살 10마리(중간 크기, 또는 닭가슴살, 100g)
- 애호박 1/2개(또는 양배추, 135g)
- 다진 파 1큰술
- 다진 마늘 1작은술
- 맛술 1작은술
- 참기름 1작은술
- 양조간장 1작은술
- 후춧가루 1/4작은술
- 전분가루 1큰술(또는 통밀가루)

초간장
- 양조간장 1/2큰술
- 식초 1/2큰술
- 고춧가루 1작은술
- 알룰로스 1작은술(또는 올리고당)

1 냉동 생새우살은 찬물에 10분간 담가 해동한 후 물기를 제거하고 굵게 다진다.

2 애호박은 0.5cm 두께로 채 썰어 볼에 담고 소금을 넣어 가볍게 섞는다.
   10분간 그대로 절인 후 키친타월로 눌러 물기를 최대한 제거한다.

3 큰 볼에 ①, ②, 나머지 만두소 재료를 넣고 골고루 섞는다.
   작은 볼에 초간장 재료를 섞는다.

4 넓은 그릇에 따뜻한 물을 담은 후 라이스페이퍼를 담가 부드럽게 만든다.
   라이스페이퍼 위에 ③의 애호박 만두소 1/4분량을 올린다.
   라이스페이퍼 양옆을 안쪽으로 접고 돌돌 만다. 같은 방법으로 3개 더 만든다.

5 접시에 통깨를 펼친 후 ④의 라이스페이퍼롤을 가볍게 굴린다.

6 달군 팬에 올리브유를 두르고 ⑤의 라이스페이퍼만두를 넣어
   중약 불에서 5~6분간 노릇하게 굴려가며 굽는다. 초간장에 찍어 먹는다.
   * 바삭하게 익기 전엔 라이스페이퍼끼리 들러붙을 수 있으니 간격을 두고 구워요.

Tip

에어프라이어에 굽기
팬 프라이 대신 에어프라이어에 구워도 좋아요. 에어프라이어 팬에 기름을 약간 두른 후 롤을 올려 180℃에서 10~15분간 구워요.

납작 만두처럼 만들기
라이스페이퍼에 만두소를 넣고 반으로 접어 납작만두처럼 만들어도 좋아요. 이때 라이스페이퍼는 6장으로 늘려도 됩니다.

+PLUS RECIPE
라이스페이퍼롤 레시피 응용하기

[**돌돌 말 시간이 없다면,**
쌈이나 원볼로 간편하게]

월남쌈처럼 준비해요

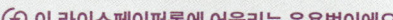

모든 속재료를 준비해 큰 그릇에 펼쳐 올리고 미지근한 물과 라이스페이퍼를 각각 준비해 월남쌈으로 차려도 돼요. 탄수화물 밸런스를 위해 라이스페이퍼는 1인 6~8장 정도 먹는 것을 권합니다. 채소나 단백질의 양을 늘려 포만감을 더해도 좋아요. 디핑소스는 양을 늘려 조금 더 넉넉히 준비하세요.

⊙ 이 라이스페이퍼롤에 어울리는 응용법이에요
146쪽 구운 두부 라이스페이퍼롤
150쪽 대왕 월남쌈롤
154쪽 훈제오리 콩나물 냉채 라이스페이퍼롤
156쪽 베트남풍 반미 라이스페이퍼롤
158쪽 돼지불고기 쑥갓 양배추쌈 라이스페이퍼롤
160쪽 간단 샤부찜 라이스페이퍼롤
162쪽 새우 토마토 샐러드 라이스페이퍼롤
166쪽 매콤 게맛살 오이 라이스페이퍼롤
168쪽 두부면 김말이 라이스페이퍼롤

샐러드볼로 즐겨요

모든 속재료를 그릇에 담고, 레시피에 소개된 디핑소스를
드레싱으로 활용해요. 샐러드 채소의 양은 늘려도 좋습니다.
채소의 양이 늘어 간이 다소 심심하다면
할라피뇨, 피클, 라페 등을 곁들여 감칠맛을 보충해요.
구운 통밀빵이나 크래커, 구운 또띠아를 곁들여
탄수화물 밸런스를 맞춰도 좋아요.

↻ 이 라이스페이퍼롤에 어울리는 응용법이에요
150쪽 대왕 월남쌈롤 / 162쪽 새우 토마토 샐러드 라이스페이퍼롤
169쪽 유린기 라이스페이퍼롤
174쪽 브로콜리 고로케 라이스페이퍼롤

덮밥이나 비빔밥으로 만들어요

라이스페이퍼 대신 따뜻한 현미밥 100g을
더해 건강볼로 즐겨도 좋아요.
통째로 들어가는 재료들은 한입 크기로 썰거나 채 썰고,
달걀지단은 스크램블이나 반숙 프라이로 촉촉하게 준비해요.
밥 위에 준비한 속재료를 올려 비벼 먹으면 됩니다.
레시피에 해당하는 디핑소스를 비빔장처럼 사용하거나,
기호에 따라 고추장 1작은술, 참기름 1작은술을 넣어 비벼 먹어요.

↻ 이 라이스페이퍼롤에 어울리는 응용법이에요
158쪽 돼지불고기 쑥갓 양배추쌈 라이스페이퍼롤
160쪽 간단 샤부찜 라이스페이퍼롤
164쪽 참치 볶음김치와 깻잎 달걀 라이스페이퍼롤

+ PLUS RECIPE

[속재료가 남았다면, 다른 재료를 활용해 새롭게]

라이스페이퍼 대신 김으로 돌돌 말아요

라이스페이퍼 대신 김밥 김에
양념한 현미밥 100g을 올려 펼친 후
나머지 재료를 넣고 김밥롤로 만들어도 좋아요.
* 밥 양념 : 참기름 1작은술, 소금 약간, 통깨 약간

🌀 **이 라이스페이퍼롤에 어울리는 응용법이에요**
146쪽 구운 두부 라이스페이퍼롤
154쪽 훈제오리 콩나물 냉채 라이스페이퍼롤
158쪽 돼지불고기 쑥갓 양배추쌈 라이스페이퍼롤
164쪽 참치 볶음김치와 깻잎 달걀 라이스페이퍼롤

각자 싸서 먹는 김쌈도 좋아요

큰 접시나 그릇에 속재료를 담아요.
라이스페이퍼 대신 김을 구워
싸 먹기 좋은 크기로 4~6등분해 함께 준비합니다.
김은 조금 넉넉히 준비해요.

🌀 **이 라이스페이퍼롤에 어울리는 응용법이에요**
146쪽 구운 두부 라이스페이퍼롤
148쪽 두부 소보로 양배추 라이스페이퍼롤
150쪽 대왕 월남쌈롤
152쪽 하얀 닭갈비 라이스페이퍼롤
154쪽 훈제오리 콩나물 냉채 라이스페이퍼롤
168쪽 두부면 김말이 라이스페이퍼롤

오픈 샌드위치로 준비해요

라이스페이퍼 대신 구운 통밀빵이나 호밀빵 2조각에 모든 재료를 올려 오픈 토스트로 즐겨도 좋아요. 빵의 두께에 따라 토핑의 간이 싱거울 수 있는데, 그라나파다노 치즈 간 것이나 스리라차 소스 등으로 풍미를 업그레이드시키면 심심한 간을 채울 수 있어요.

↪ **이 라이스페이퍼롤에 어울리는 응용법이에요**
156쪽 베트남풍 반미 라이스페이퍼롤
162쪽 새우 토마토 샐러드 라이스페이퍼롤
166쪽 매콤 게맛살 오이 라이스페이퍼롤

구운 또띠아칩을 곁들여요

숟가락으로 떠먹을 수 있는 속재료들은 그릇에 담아 한그릇 밸런스 볼로 즐겨도 좋아요. 여기에 바삭하게 구운 또띠아 칩이나 아삭한 과일 한 조각을 곁들이면 탄수화물 베이스를 좀 더 다채롭게 섭취할 수 있습니다.

↪ **이 라이스페이퍼롤에 어울리는 응용법이에요**
148쪽 두부 소보로 양배추 라이스페이퍼롤
166쪽 매콤 게맛살 오이 라이스페이퍼롤
174쪽 브로콜리 고로케 라이스페이퍼롤

CHAPTER 4

유부 & 두부 롤

김밥과 더불어 피크닉 도시락 단골 메뉴인 유부와 떠오르는 건강 식재료 포두부를 활용한 유부 & 두부롤을 소개합니다. 심플한 속재료 몇 가지만 준비해 돌돌 말면 간편한 도시락으로 좋은 메뉴들이에요. 롤로 말았을 때 모양이 예쁜 건 물론, 유부와 포두부 모두 콩을 베이스로 해 식물성 단백질까지 채울 수 있는 일석이조 재료들이랍니다. 나들이 음식으로도, 다이어트식으로도 좋은 유부 & 두부롤을 만들어보세요.

308 kcal | NO 불조리 | 초간단 | 저자추천 | 탄수화물 49.1% | 단백질 24.2% | 지방 26.6%

채소 듬뿍 꼬다리 유부롤 + 호두 요거트 디핑소스

채소를 한가득 넣고 유부롤을 말았습니다. 시판 유부초밥 세트의 유부조림은
특유의 풍미와 간이 있어 재료들을 생으로 넣어도 맛 밸런스가 좋은데요,
불조리 없이 간단히 만들 수 있어 장점이 배가 된 메뉴랍니다. 아삭하고 상큼한 사과로 포인트를 주었고,
요거트에 견과류를 넣어 만든 디핑소스는 영양 밸런스와 건강한 풍미를 더합니다.

1인분 / 15~20분

- 시판 롤유부초밥 세트 1인분(4개분)
- 쌈 채소 8장(손바닥 크기, 또는 샐러드 채소, 40g)
- 오이 1/2개(또는 양배추, 100g)
- 사과 1/2개(또는 파프리카, 100g)
  * 오이, 사과는 동량의 다른 채소로 대체 가능
- 쫄깃 버섯볶음 약 1컵(50g)
  * 만들기 30쪽
- 김밥 김 1/2장(생략 가능)

호두 요거트 디핑소스
- 다진 호두 1큰술(또는 다른 견과류)
- 그라나파다노 치즈 간 것 1큰술 (또는 파마산 치즈 가루)
- 그릭 요거트 2큰술(또는 하프 마요네즈)
- 레몬즙 1큰술
- 다진 이탈리안 파슬리 1작은술 (생략 가능)
- 알룰로스 1작은술(또는 올리고당)
- 올리브유 1작은술
- 소금 약간
- 통후추 간 것 약간

1 오이, 사과는 0.5cm 두께로 채 썬다. 김밥 김은 길게 4등분한다.

2 작은 볼에 호두 요거트 디핑소스 재료를 섞는다.

3 롤유부에 쌈 채소, 사과, 쫄깃 버섯볶음, 오이를 1/4분량씩 올리고 돌돌 만다.

4 김을 놓고 ③의 유부롤을 올린다. 다시 한 번 돌돌 말아 고정시킨 후 절반으로 썬다. 같은 방법으로 3개 더 만들어 호두 요거트 디핑소스에 찍어 먹는다.

386 kcal　초간단　　탄수화물 36.2%　단백질 29.6%　지방 34.3%

오이 달걀 유부롤

오이와 달걀을 넣어 심플하게 만든 유부롤입니다.
오이는 조미 유부 양념으로 손쉽게 감칠맛을 살리고 그릭 요거트에 버무려 상큼함을 더했어요.
절인 오이는 물기를 꼭 짠 후 사용해야 좀더 아삭하고 롤의 완성도도 높아집니다.

1인분 / 15~20분

- 시판 롤유부초밥 세트 1인분(4개분)
- 오이 1개(씨 부분 제외, 또는 양배추 5장, 150g)
- 달걀 2개
- 소금 약간
- 그릭 요거트 2큰술(또는 하프 마요네즈)
- 홀그레인 머스터드 1/2큰술 (또는 머스터드)
- 통후추 간 것 약간
- 올리브유 1작은술

1 오이는 씨 부분을 제거하고 0.5cm 두께로 채 썬다.
   볼에 달걀, 소금을 넣어 푼다.

2 볼에 ①의 오이, 롤유부초밥의 밥 양념을 넣고 5분간 절여 물기를 꼭 짠다.

3 ②의 오이, 그릭 요거트, 홀그레인 머스터드, 통후추 간 것,
   롤유부초밥의 후리가케를 넣어 골고루 섞는다.

4 달군 팬에 올리브유를 두르고 ①의 달걀물을 부어 중약 불에서 1분 30초간 익힌다.
   뒤집어서 1분 더 익힌 후 한 김 식힌다.

5 달걀은 2등분한 후 0.5cm 폭으로 채 썬다.

6 롤유부에 ③의 오이, ⑤의 달걀을 1/4분량씩 올리고 돌돌 만다.
   같은 방법으로 3개 더 만든다.
   ★ 그릇에 담고 요거트, 후리가케를 올려 사진처럼 플레이팅해도 좋아요.

Tip

오이 씨 부분 제거하기
쓴맛이 나는 오이의 끝 부분을 자른 후 오이의 3면을 썰어 씨 부분을 제거해요.

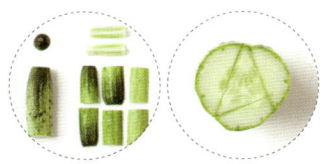

오이 절임 양념 직접 만들기
오이는 식초 1큰술, 소금 1/2작은술, 알룰로스 1작은술(또는 올리고당)에 절여 사용해도 좋아요.

416 kcal　NO 불조리　고단백　고 식이섬유　　탄수화물 43.9%　단백질 36.6%　지방 19.5%

닭가슴살 양배추 유부롤

닭가슴살을 활용해 클래식하게 즐길 수 있는 유부롤을 소개합니다.
아삭한 양배추와 파프리카를 넣어 포만감과 식감을 더하고, 닭가슴살로 단백질 밸런스를 채웠어요.
닭가슴살은 유부초밥 세트 조미 양념과 머스터드로 간편하게 감칠맛을 냈습니다.
별도 불조리 없이 손쉽게 만들 수 있는 메뉴예요.

1인분 / 15~20분

- 시판 롤유부초밥 세트 1인분(4개분)
- 시판 익힌 닭가슴살 1개
  (또는 닭가슴살, 100g)
- 적양배추 2장(또는 양배추, 60g)
- 파프리카 1/2개(또는 오이, 100g)
* 적양배추, 파프리카는 동량의
  다른 채소로 대체 가능
- 로메인 4장(또는 쌈 채소, 20g)
- 저당 머스터드 소스 1큰술
  (또는 스리라차 소스)

1 닭가슴살은 결대로 찢어 롤유부초밥의 밥 양념, 후리가케,
   저당 머스터드 소스를 넣고 가볍게 섞는다.

2 적양배추, 파프리카는 0.5cm 두께로 채 썬다.

3 롤유부에 로메인을 올린다.

4 파프리카, 적양배추, ①의 닭가슴살을 1/4 분량씩 올리고 돌돌 만다.
   같은 방법으로 3개 더 만든다.

Tip

닭가슴살 직접 삶기
냄비에 닭가슴살, 잠길 만큼의 물,
청주 1큰술을 넣어 중간 불에서
10분간 삶아요. 젓가락으로 찔러
핏물이 나오면 조금 더 삶아요.
한 김 식힌 후 결대로 찢어 사용해요.

441 kcal NO 불조리 고 식이섬유   탄수화물 43.9%   단백질 30.7%   지방 25.4%

미나리 유부롤

미나리의 향긋함이 일품인 유부롤입니다. 밥의 양을 최소화하는 대신
송송 썬 미나리와 바싹 볶은 쇠고기볶음을 듬뿍 넣어 포만감을 채웠어요.
고소하게 씹히는 게 매력인 다진 호두로 건강한 지방과 식감도 더했습니다.
밥의 양이 적기 때문에 밥을 미리 꼭꼭 눌러 모양을 잡아주어야 만들기 수월해요.

1인분 / 15~20분

- 시판 롤유부초밥 세트 1인분(4개분)
- 따뜻한 현미밥 60g
  (또는 잡곡밥, 으깬 두부)
- 미나리 1/2줌(또는 참나물, 35g)
- 바싹 쇠고기볶음 1/2컵(약 60g)
  ∗ 만들기 30쪽
- 호두 2알(또는 다른 견과류 다진 것)
- 조미김 작은 것 4장
  (또는 구운 김 1/2장, 생략 가능)

1 미나리는 송송 썬다. 호두는 굵게 다진다.

2 볼에 현미밥, 미나리, 바싹 쇠고기볶음, 호두를 넣는다.
    롤유부초밥 세트의 밥 양념, 후리가케를 넣어 골고루 섞는다.

3 ②의 밥을 4등분해 동그랗게 뭉쳐둔다.
    ∗ 손으로 꾹꾹 눌러 동그란 모양을 잡아두면 말기 수월해요.

4 롤유부에 조미김 1장을 올린 후 ③의 밥을 넣고 돌돌 만다.
    같은 방법으로 3개 더 만든다.
    ∗ 미나리 일부를 남겨 유부롤을 묶어 사진처럼 플레이팅해도 좋아요.

495 kcal 초간단 · 탄수화물 40.9%   단백질 33.2%   지방 25.9%

불참치 유부롤

매운맛 애호가들을 위해 만든 메뉴예요. 저당 불닭 소스를 넣은 참치 마요에
두부로 포만감을 채웠습니다. 담백한 두부에 매콤함이 더해져 입맛을 돋우지요.
여기에 깻잎과 김을 넣어 감칠맛을 살렸습니다.

1인분 / 15~20분

- 시판 롤유부초밥 세트 1인분(4개분)
- 두부 큰 팩 1/2모(150g)
- 통조림 참치 작은 것 1캔(또는 시판 익힌 닭가슴살, 통조림 연어, 100g)
- 깻잎 8장(16g)
- 조미김 작은 것 8장(또는 구운 김 1장)
- 저당 불닭 소스 1/2큰술 (기호에 따라 가감, 또는 스리라차 소스)
- 하프 마요네즈 1큰술
- 후춧가루 약간

1. 두부는 키친타월에 올려 물기를 제거한 후 칼등으로 눌러 으깬다.
   볼에 으깬 두부, 롤유부초밥의 밥 양념, 후리가케를 넣고 가볍게 섞는다.
2. 통조림 참치는 체에 밭쳐 기름기를 빼고 다른 볼에 담은 후
   저당 불닭 소스, 하프 마요네즈, 후춧가루를 넣어 섞는다.
3. 롤유부에 조미김 2장, 깻잎 2장을 올린다. 그 위에 ①의 두부, ②의 불닭 참치를
   1/4분량씩 올리고 돌돌 만다. 같은 방법으로 3개 더 만든다.
4. 달군 팬에 기름을 두르지 않은 채 ③의 유부롤을 올린 후
   중간 불에서 2분간 굴려가며 노릇하게 굽는다.
   * 그릇에 담고 저당 붉닭 소스, 하프 마요네즈를 뿌려 사진처럼 플레이팅해도 좋아요.

Tip

맵지 않게 만들기
저당 불닭소스를 생략해도 좋아요.
이때 하프 마요네즈를 1/2큰술
더해줍니다(총 1과 1/2큰술 사용).

504 kcal 트렌디 메뉴 고식이섬유   탄수화물 46.3% 단백질 29.7% 지방 24.0%

메밀 연어 유부롤 + 스리라차 마요 디핑소스

토핑 유부초밥으로 인기가 많았던 조합을 유부롤로 말아 밸런스를 채웠습니다.
밥 대신 메밀면을 사용하고 연어와 아보카도를 활용했어요. 아삭한 파프리카와 알싸한 양파로
맛을 선명하게 내고 매콤한 스리라차 마요 소스를 디핑소스로 곁들인 메뉴입니다.

1인분 / 20~25분

- 시판 롤유부초밥 세트 1인분(4개분)
- 녹차 메밀면 1줌
  (또는 메밀면, 현미밥, 50g)
- 생연어 1/2토막(또는 훈제연어, 100g)
- 아보카도 1/2개(100g)
- 파프리카 1/2개(또는 오이, 100g)
- 적양파 1/4개(또는 양파, 50g)

스리라차 마요 디핑소스
- 양조간장 1/2큰술
- 하프 마요네즈 1큰술
- 스리라차 소스 1큰술(기호에 따라 가감)
- 알룰로스 1작은술(또는 올리고당)
- 후춧가루 약간

1 냄비에 메밀면 삶을 물 5컵을 끓인다. 아보카도는 손질하여 2cm 두께로 썬다.
  연어는 길게 4등분한다.

2 적양파는 가늘게 채 썰어 찬물에 담가 매운맛을 뺀 후 체에 밭쳐 물기를 제거한다.
  파프리카는 0.5cm 두께로 채 썬다.

3 냄비의 물이 끓으면 녹차 메밀면을 넣고 포장지에 적힌 시간만큼 삶는다.
  삶은 면은 체에 밭쳐 찬물에 여러 번 헹군 후 물기를 제거한다.

4 볼에 ③의 메밀면, 롤유부초밥의 밥 양념, 후리가케를 넣고 가볍게 섞는다.

5 작은 볼에 스리라차 마요 디핑소스 재료를 넣어 골고루 섞는다.

6 롤유부에 ④의 녹차 메밀면 1/4분량을 펼쳐 올린다.
  파프리카, 아보카도, 연어, 적양파를 1/4분량씩 올리고 돌돌 만다.
  같은 방법으로 3개 더 만들어 절반으로 썬다. 스리라차 마요 디핑소스에 찍어 먹는다.

Tip

맵지 않게 만들기
스리라차 마요 디핑소스 재료 중
스리라차 소스를 빼고 레몬즙 1작은술을
더해 맵지 않게 만들어도 좋아요.

아보카도 손질하기
❶ 아보카도 씨에 칼이 닿도록 깊숙하게
   꽂은 후 돌려가며 칼집을 내요.
❷ 아보카도를 비틀어서 두 쪽으로 나눠요.
❸ 씨는 칼날을 꽂고 고정한 후
   비틀어 제거해요.
❹ 손으로 껍질을 제거하거나 숟가락을
   껍질 속에 깊숙이 넣어 과육을 퍼내요.

474 kcal NO 불조리   탄수화물 44.5%   단백질 26.5%   지방 29.0%

명란 감자 포두부롤 + 매콤 명란 마요 디핑소스

감자 샐러드를 포두부에 돌돌 말아 매콤한 명란 소스에 찍어 먹는 두부롤입니다.
별다른 불조리 없이 감자와 달걀은 전자레인지로 익히고,
마요네즈 대신 아보카도를 넣어 크리미함과 건강한 지방을 더했어요.
청양고추가 들어가 매콤한 명란 마요 디핑소스가 감칠맛을 더해줍니다.

유부 & 두부롤

1인분 / 15~20분

- 포두부 6장(손바닥 크기, 40g)
- 감자 1개(작은 크기, 또는 고구마, 150g)
- 달걀 1개
- 아보카도 1/2개(100g)
- 오이 1/2개(또는 양배추 3장, 100g)
- 소금 1/2작은술
- 알룰로스 1작은술(또는 올리고당)
- 후춧가루 약간

매콤 명란 마요 디핑소스

- 송송 썬 청양고추 1개분
  (생략 가능, 기호에 따라 가감)
- 짜먹는 저염 명란젓 1큰술
  (또는 명란젓, 1/2개, 10g)
- 하프 마요네즈 1큰술
- 알룰로스 1작은술(또는 올리고당)
- 후춧가루 약간

1 오이는 모양대로 얇게 썰고 소금, 알룰로스를 넣어 10분간 절여 물기를 꼭 짠다.
   포두부는 체에 밭쳐 뜨거운 물을 부어 부드럽게 만든 후 물기를 제거한다.

2 감자는 껍질을 벗겨 한입 크기로 썬다.
   내열용기에 넣고 뚜껑을 덮어 전자레인지에서 2분간 익힌다.

3 ②의 용기 뚜껑을 열어 달걀을 깨뜨려 넣는다. 이때 달걀이 터지지 않도록 노른자를
   포크나 젓가락으로 찔러준다. 다시 뚜껑을 덮어 전자레인지에서 1분 30초간 익힌다.

4 ③의 볼에 손질한 아보카도, 후춧가루를 넣고 포크나 매셔로 으깨며 골고루 섞는다.

5 ①의 오이를 넣어 가볍게 섞는다. 다른 볼에 매콤 명란 마요 소스 재료를 넣어 섞는다.

6 포두부에 ⑤의 감자 사라다를 1/6분량씩 올리고 돌돌 만다.
   같은 방법으로 5개 더 만들어 매콤 명란 마요 디핑소스에 찍어 먹는다.

Tip

아보카도 손질하기

❶ 아보카도 씨에 칼이 닿도록 깊숙하게
   꽂은 후 돌려가며 칼집을 내요.
❷ 아보카도를 비틀어서 두 쪽으로 나눠요.
❸ 씨는 칼날을 꽂아 고정한 후
   비틀어 제거해요.
❹ 손으로 껍질을 제거하거나 숟가락을
   껍질 속에 깊숙이 넣어 과육을 떠내요.

448 kcal NO 불조리 고단백 고식이섬유   탄수화물 39.7%   단백질 35.5%   지방 24.8%

방방지 포두부롤 + 깨 땅콩 디핑소스

방방지는 삶은 닭고기를 사용한 사천식 냉채 요리입니다.
담백하고 상큼한 재료의 조합이 좋아 자주 해먹는 메뉴인데요, 담백한 포두부에 감싸 밸런스롤로 만들었어요. 고소하면서 알싸한 땅콩 베이스의 소스가 잘 어울린답니다.

1인분 / 15~20분

- 포두부 8장(손바닥 크기, 50g)
- 시판 익힌 닭가슴살 1개
  (또는 닭가슴살, 100g)
- 오이 1/2개(또는 파프리카, 100g)
- 토마토 작은 것 1개
  (또는 방울토마토 2개, 50g)
- 참기름 1작은술
- 소금 약간
- 후춧가루 약간

깨 땅콩 디핑소스
- 통깨 간 것 1큰술
- 다진 대파 1큰술
- 양조간장 1큰술
- 식초 1큰술
- 알룰로스 1/2큰술(또는 올리고당)
- 땅콩버터 1큰술
- 크러시드 페퍼 1/2작은술
  (생략 가능, 기호에 따라 가감)
- 다진 마늘 1작은술

1 포두부는 체에 받쳐 뜨거운 물을 부어 부드럽게 만든 후 물기를 제거한다.

2 닭가슴살은 결대로 찢고 참기름, 소금, 후춧가루를 넣어 가볍게 버무린다.
작은 볼에 깨 땅콩 디핑소스 재료를 넣어 섞는다.

3 오이는 0.5cm 두께로 채 썬다. 토마토는 얇게 모양대로 슬라이스한다.

4 포두부에 ③의 채 썬 오이와 토마토, ②의 닭가슴살을 1/8분량씩 올리고 돌돌 만다.
같은 방법으로 7개 더 만들어 깨 땅콩 디핑소스에 찍어 먹는다.
  * 오이와 토마토를 얇게 슬라이스하고 디핑소스를 뿌려 사진처럼 플레이팅해도 좋아요.

Tip

닭가슴살 직접 삶기
냄비에 닭가슴살, 잠길 만큼의 물, 청주 1큰술을 넣어 중간 불에서 10분간 삶아요. 젓가락으로 찔러 핏물이 나오면 조금 더 삶아요. 한 김 식힌 후 결대로 찢어 사용해요.

407 kcal 고식이섬유

탄수화물 40.8% 단백질 33.7% 지방 25.5%

부추잡채 포두부롤

갖은 채소와 돼지고기를 간장 양념에 휘리릭 볶아 포두부로 말았어요.
담백한 포두부와 부추잡채의 궁합이 좋은 메뉴랍니다.
아삭한 피망과 알싸한 부추향이 다소 밋밋했던 포두부롤에 맛있는 풍미를 더해줘요.

401 kcal 고단백 고식이섬유 저자추천   탄수화물 45.5%   단백질 34.7%   지방 19.8%

양배추 스키야키 포두부롤
+ 달걀 노른자 디핑소스

일본식 전골 요리인 스키야키에서 아이디어를 얻은 메뉴예요. 양배추를 듬뿍 넣고 포두부와 고기로 말아 감칠맛 나는 육수에 가볍게 조렸습니다. 아삭한 양배추와 쫄깃한 포두부, 고기가 어우러져 포만감과 탄단지 밸런스를 모두 잡았어요.

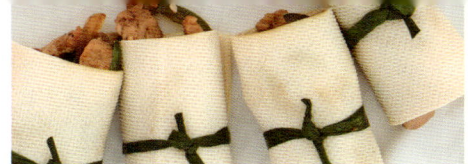

부추잡채 포두부롤

1인분 / 20~25분

- 포두부 6장(손바닥 크기, 50g)
- 돼지고기 안심 100g(또는 불고기용)
- 양파 1/4개(50g)
- 피망 1/2개(또는 파프리카, 50g)
- 부추 1/2줌(35g)
  * 양파, 피망, 부추는 동량의 다른 채소로 대체 가능
- 식용유 1작은술

돼지고기 밑간
- 맛술 1/2큰술
- 다진 마늘 1작은술
- 소금 약간
- 후춧가루 약간

잡채 양념
- 맛술 1큰술
- 양조간장 1큰술
- 참기름 1작은술
- 후춧가루 약간
- 통깨 약간

1 냄비에 부추 데칠 물 2컵을 넣고 끓인다. 포두부는 체에 받쳐 뜨거운 물을 부어 부드럽게 만든 후 물기를 제거한다.

2 냄비의 물이 끓어오르면 부추 6줄기, 소금 약간을 넣어 10초간 데친 후 찬물에 헹궈 물기를 제거한다.

3 돼지고기는 키친타월로 감싸 핏물을 제거한 후 1cm 두께로 썰고 볼에 담아 밑간 재료에 버무린다.

4 피망, 양파는 0.5cm 두께로 채 썰고, 나머지 부추는 3cm 길이로 썬다.

5 작은 볼에 잡채 양념 재료를 넣어 섞는다.

6 달군 팬에 식용유를 두른 후 ③의 돼지고기, 양파를 넣어 중간 불에서 2분간 볶는다.

7 피망, ⑤의 양념을 넣어 1분간 더 볶는다.

8 불을 끄고 ④의 부추를 넣어 가볍게 섞는다.

9 데친 부추를 가운데에 세로로 놓고 포두부를 겹쳐 올린다. ⑧의 부추잡채 1/6분량을 올려 돌돌 말고 데친 부추로 묶는다. 같은 방법으로 5개 더 만든다.

양배추 스키야키 포두부롤

1인분 / 20~25분

- 포두부 5장(손바닥 크기, 25g)
- 쇠고기 샤부샤부용 100g
  (또는 쇠고기 불고기용)
- 양배추 2장(또는 알배기 배추, 60g)
- 해송이버섯 1줌(또는 팽이버섯, 50g)
- 대파 10cm
- 소금 약간
- 후춧가루 약간
- 식용유 1작은술

간단 육수
- 물 1/2컵(100㎖)
- 양조간장 1큰술
- 맛술 1큰술
- 후춧가루 약간
- 가다랑어포 1/4컵(생략 가능, 2g)

달걀 노른자 디핑소스
- 달걀 노른자 1개분
- 송송 썬 부추 1큰술(또는 대파)
- 소금 약간
- 후춧가루 약간

1. 포두부는 체에 밭쳐 뜨거운 물을 부어 부드럽게 만든 후 물기를 제거한다.
2. 작은 냄비에 가다랑어포를 제외한 간단 육수 재료를 넣어 중간 불에서 끓인다. 바글바글 끓어오르면 불을 끄고 가다랑어포를 넣는다.
3. 가다랑어포가 가라앉으면 체에 밭쳐 건더기와 국물을 분리하여 육수를 만든다.
4. 쇠고기는 키친타월로 눌러 핏물을 제거하고 소금, 후춧가루를 뿌린다. 작은 볼에 달걀 노른자 디핑소스 재료를 넣어 섞는다.
5. 양배추는 0.5cm 두께로 채 썬다. 버섯은 밑동을 제거하고 결대로 찢는다. 대파는 1cm 두께로 썬다.
6. ④의 쇠고기에 포두부를 올린다. 그 위에 양배추, 해송이버섯을 1/5분량씩 올리고 돌돌 만다. 같은 방법으로 4개 더 만든다.
   * 쇠고기의 두께에 따라 개수가 달라질 수 있으니 포두부와 채소 양을 늘려도 좋아요.
7. 달군 팬에 식용유를 두르고 대파를 넣어 중간 불에서 1분간 굽는다. ⑥의 포두부롤을 올려 앞뒤로 굴러가며 2분간 노릇하게 더 굽는다.
8. ③의 육수를 붓고 약한 불로 줄인 후 국물을 끼얹어가며 2분간 조린다. ④의 달걀 노른자 디핑소스에 찍어 먹는다.

Tip

쯔유로 간단하게 육수내기
물 1/2컵(100㎖), 쯔유 1큰술, 맛술 1큰술, 후춧가루를 넣어 과정 ⑧에서 활용하세요. 이때, 과정 ②, ③은 생략합니다.

452 kcal | 고단백 | 고식이섬유 | 저자추천 | 탄수화물 32.7% | 단백질 35.8% | 지방 31.6%

시금치 포두부롤 라자냐

포두부는 특유의 담백함 덕분에 밀가루를 대체해 다이어트 및 건강식 재료로 활용하기 좋아요. 여기서 아이디어를 얻어 라자냐처럼 만들었어요. 볶은 시금치를 포두부로 감싸고 수제 토마토 소스를 곁들여 구우면 건강하고 맛있는 시금치 포두부롤 라자냐가 완성됩니다.

시금치 포두부롤 라자냐

1인분 / 20~25분

- 포두부 6장(손바닥 크기, 40g)
- 시금치 2줌(또는 쌈케일, 100g)
- 닭가슴살 소시지 1개(또는
  시판 익힌 닭가슴살 1/2개, 50g)
- 올리브유 1작은술 + 1작은술
- 소금 약간
- 통후추 간 것 약간
- 크림치즈 2큰술(또는 리코타 치즈)
- 슈레드 피자 치즈 2큰술

토마토 소스

- 토마토 1개
  (또는 방울토마토 10개, 150g)
- 양파 1/4개(50g)
- 다진 마늘 1작은술
- 다진 이탈리안 파슬리 1작은술
  (또는 다른 허브 가루)
- 하프 토마토케첩 1큰술
- 알룰로스 1/2큰술(또는 올리고당)
- 소금 약간
- 통후추 간 것 약간

1. 포두부는 체에 밭쳐 뜨거운 물을 부어 부드럽게 만든 후 물기를 제거한다.
2. 시금치는 밑동을 제거하고 2cm 폭으로 썬다.
   닭가슴살 소시지는 길게 4등분하고 0.5cm 두께로 썬다.
3. 토마토, 양파는 굵게 다진다.
4. 달군 팬에 올리브유 1작은술을 두르고 ②의 시금치, 닭가슴살 소시지, 소금, 통후추 간 것을 넣고 중강 불에서 1분간 볶는다.
5. 볼에 ④의 시금치볶음, 크림치즈를 넣어 골고루 섞는다.
6. 팬을 닦고 다시 달궈 올리브유 1작은술을 두른다.
   다진 양파, 다진 마늘을 넣어 중약 불에서 2분간 볶는다.
7. 중간 불로 올려 나머지 토마토 소스 재료를 넣고 2분간 볶는다.
8. 포두부에 ⑤의 시금치 크림 1/6분량을 올리고 돌돌 만다.
   같은 방법으로 5개 더 만든다.
9. 내열용기에 ⑦의 토마토 소스를 깔고 ⑧의 시금치롤을 올린 후 슈레드 피자 치즈를 골고루 뿌린다.
   전자레인지에서 1~2분간 치즈가 녹을 때까지 익힌다.
   * 180℃로 예열한 오븐이나 에어프라이어에 넣어 치즈가 녹을 때까지 5~10분간 익혀도 좋아요.

Tip

시판 토마토 소스 활용하기
시판 토마토 소스 3/4컵(150㎖)을 과정 ⑨에서 활용해도 좋아요.
이때 과정 ⑥, ⑦은 생략합니다.

+PLUS RECIPE
유부 & 두부롤 레시피 응용하기

[**돌돌 말 시간이 없다면,**
쌈이나 원볼로 간편하게]

각자 싸서 먹는 포두부쌈으로 준비해요

포두부는 두께가 있고 탄력이 적어
예쁘게 말기가 쉽지 않죠. 돌돌 마는 것이 부담된다면
포두부 자체를 쌈재료로 활용해도 좋아요.
큰 그릇에 속재료와 포두부를 담아 각자 싸서 먹어요.
속재료 중 재료들의 고정을 위해 사용한
데친 부추나 김 등은 생략해도 됩니다.

↪ **이 두부롤에 어울리는 응용법이에요**
184쪽 채소 듬뿍 꼬다리 유부롤
198쪽 방방지 포두부롤 / 200쪽 부추잡채 포두부롤

포두부를 채 썰어 일품요리로 만들어요

돌돌 마는 과정이 번거롭게 느껴진다면
포두부를 채 썰어 면처럼 만들고
열조리 과정에 함께 익혀요.
포두부는 오랜 시간 익혀도 식감의 변화가 없기 때문에
다른 재료를 익히는 과정에 추가하여
색다르게 즐겨도 좋답니다. 채 썬 포두부 대신
두부면 1/2팩(50g)을 사용해도 좋아요.

↪ **이 두부롤에 어울리는 응용법이에요**
201쪽 양배추 스키야키 포두부롤 / 206쪽 시금치 포두부롤 라자냐

샐러드볼이나 포케볼로 만들어요

속재료와 함께 포두부, 유부 등도 먹기 좋은 크기로
썰어 한그릇에 담고, 레시피의 소스를
드레싱처럼 골고루 뿌려요. 기호에 따라 샐러드 채소를
좀 더 추가해도 좋습니다.
부족한 간은 소금을 약간 더해 맞춰요.

↻ 이 두부롤에 어울리는 응용법이에요
184쪽 채소 듬뿍 꼬다리 유부롤
188쪽 닭가슴살 양배추 유부롤 / 192쪽 불참치 유부롤
194쪽 메밀 연어 유부롤 / 196쪽 명란 감자 포두부롤
198쪽 방방지 포두부롤

비빔밥으로 즐겨요

밥이 들어가는 롤은 모든 속재료를 한입 크기로
썰어 한그릇 밥으로 즐겨도 좋습니다.
잎 채소는 가늘게 채 썰어 토핑으로 활용하고
포두부, 유부도 함께 썰어 같이 비벼 먹어요.
이때 김가루를 곁들이면 풍미가 살고 고소함이 배가 됩니다.
밥이 없는 메뉴는 따뜻한 현미밥 60g을 더해요.

↻ 이 두부롤에 어울리는 응용법이에요
190쪽 미나리 유부롤 / 192쪽 불참치 유부롤
200쪽 부추잡채 포두부롤

+PLUS RECIPE

[속재료가 남았다면, 다른 재료를 활용해 새롭게]

유부나 포두부 대신 김으로 돌돌 말아요

김밥 김에 양념한 현미밥 100g을 올려 펼친 후 나머지 재료를 넣고 김밥롤로 만들어요. 포두부나 유부는 속재료로 함께 넣어도 좋습니다. 속재료의 크기가 작다면 꼬마김밥으로 즐겨요.
* 밥 양념 : 참기름 1작은술, 소금 약간, 통깨 약간

🔄 **이 두부롤에 어울리는 응용법이에요**
186쪽 오이 달걀 유부롤 / 190쪽 미나리 유부롤
200쪽 부추잡채 포두부롤

각자 싸서 먹는 김쌈도 좋아요

모든 재료를 먹기 좋은 크기로 잘라 김쌈으로 즐겨요. 포두부, 유부 모두 김과 잘 어울리니, 생략하지 않고 함께 곁들여 식감과 맛, 단백질 밸런스를 맞춰요. 김은 싸서 먹기 좋은 크기로 굽고 4~6등분해 함께 준비합니다. 이때 김은 조금 넉넉히 준비해요.

🔄 **이 두부롤에 어울리는 응용법이에요**
188쪽 닭가슴살 양배추 유부롤 / 192쪽 불참치 유부롤
194쪽 메밀 연어 유부롤 / 196쪽 명란 감자 포두부롤
200쪽 부추잡채 포두부롤

INDEX

재료별

쇠고기
간단 샤부찜 라이스페이퍼롤 · 160
멜팅 치즈 패티 또띠아롤 · 121
미나리 유부롤 · 190
브로콜리 고로케 라이스페이퍼롤 · 174
쇠고기 가지 피자 또띠아롤 · 127
쇠고기 비트 김밥롤 · 58
쇠고기 타코 또띠아롤 · 126
아삭 콩나물 쇠고기 김밥롤 · 54
양배추 스키야키 포두부롤 · 201
페퍼 불고기 콘치즈 김밥롤 · 56

돼지고기
두부 김치 또띠아롤 · 115
돼지불고기 쑥갓 양배추쌈 라이스페이퍼롤 · 158
베트남풍 반미 라이스페이퍼롤 · 156
미나리 갈비 김밥롤 · 50
부추잡채 포두부롤 · 200
양배추겉절이 대패 김밥롤 · 52
오이 듬뿍 쌈장 제육 또띠아롤 · 120

닭고기
LA 김밥롤 · 42
닭가슴살 양배추 유부롤 · 188
닭가슴살 코울슬로 또띠아롤 · 98
대왕 월남쌈롤 · 150
방방지 포두부롤 · 198
수블라키 또띠아롤 · 107
올리브 치킨 또띠아롤 · 102
유린기 라이스페이퍼롤 · 169
치킨마요 김밥롤 · 40
토마토 바질 닭가슴살 김밥롤 · 44
하얀 닭갈비 라이스페이퍼롤 · 152

훈제오리
오이고추 훈제오리 김밥롤 · 48
훈제오리 콩나물 냉채 라이스페이퍼롤 · 154

해산물
달걀말이 멸추 견과 김밥롤 · 61
메밀 연어 유부롤 · 194
새우 토마토 샐러드 라이스페이퍼롤 · 162
시저 새우 또띠아롤 · 132
애호박 새우 만두 라이스페이퍼롤 · 176
앤초비 바질 김밥롤 · 76
연어 아보카도 후토마키롤 · 74

쪽파 연어 또띠아롤 · 138
카레새우 꼬다리 김밥롤 · 60

달걀
굿모닝 또띠아롤 · 94
당근 김밥롤 · 34
버섯 통들깨 김밥롤 · 38
양배추 라페 또띠아롤 · 96
양배추 오트밀 김밥롤 · 84
오이 달걀 유부롤 · 186
오이 메밀면 김밥롤 · 82
팽이버섯 달걀전 김밥롤 · 36

두부
구운 두부 라이스페이퍼롤 · 146
두부 소보로 양배추 라이스페이퍼롤 · 148
두부면 김말이 라이스페이퍼롤 · 168
두부면 샐러드 김밥롤 · 78
매콤 두부면 키토 김밥롤 · 80

소시지, 슬라이스 햄
땅콩버터 사과 또띠아롤 · 112
리코타 샐러드 또띠아롤 · 106
시금치 포두부롤 라자냐 · 206
올리브 소시지 김밥롤 · 46
오코노미야키 또띠아롤 · 114
치킨 핫도그 또띠아롤 · 104

통조림 참치, 게맛살
불참치 유부롤 · 192
브로콜리 참치 김밥롤 · 66
매콤 게맛살 오이 라이스페이퍼롤 · 166
셀러리잎 게맛살 샐러드 김밥롤 · 72
참치 볶음김치와 깻잎 달걀 라이스페이퍼롤 · 164
참치쌈장 통오이 김밥롤 · 68
참치 샐러드 또띠아롤 · 136
칠리 참치 또띠아롤 · 134

단호박, 고구마, 감자
고구마 불닭 또띠아롤 · 100
명란 감자 포두부롤 · 196
으깬 당근과 단호박 또띠아롤 · 92

버섯, 채소
채소 듬뿍 꼬다리 유부롤 · 184

213

이 책과 함께 보면 좋은 '건강 잡는' 요리책 시리즈

영양 밸런스 딱 맞춘
만들기도, 먹기도 편한 한그릇 건강식

- 일상의 건강식은 물론 도시락, 브런치로 좋은 포케볼, 샐러드볼, 요거트볼, 수프볼 55가지
- 열량 350~600kcal, 탄단지 비율 약 50 : 25 : 25로 균형 있게 개발한 간편하고 맛있는 한 끼
- 건강 다이어트 요리잡지 <더라이트> 헤드쿡이었던 저자의 꼼꼼한 영양분석과 맛 보장 레시피
- 식사 준비를 수월하게 하는 밀프렙 방법, 냉장고 재료를 소진할 대체재료 활용법 소개

< 매일 만들어 먹고 싶은 탄단지 밸런스 건강볼 >
배정은 지음 / 180쪽

당뇨 전단계에서 혈당, 혈압, 체중까지
정상으로 돌아온 셰프의 맛보장 저탄수 레시피

- 달걀&오트밀 요리, 수프, 샐러드, 밥&면, 일품요리, 음료&간식 등 84가지 저탄수 균형식 레시피
- 당뇨 전단계 진단을 받은 요리연구가인 저자가 직접 개발하고 식단을 통해 실천한 메뉴 수록
- 저탄수 균형식을 위한 저탄수 밥, 저탄수 홈메이드 소스, 드레싱, 육수 등 알짜 정보 소개
- 전문 영양사의 정확한 1인분 영양 분석, 영양 전문가의 자문으로 믿을 수 있는 탄탄한 내용

< 당뇨와 고혈압 잡는 저탄수 균형식 다이어트 >
윤지아 지음 / 208쪽

늘 곁에 두고 활용하는 소장 가치 높은 책을 만듭니다 **레시피팩토리**
홈페이지 www.recipefactory.co.kr

맛있는 일상의 저당식으로
가족 건강 지킨 영양사 주부의 실전 노하우

- ☑ 백반 세트 50%, 한그릇 별미밥 도시락 25%, 별식 도시락 25%로 구성한 일주일 식단 레시피
- ☑ 일주일에 한번 한꺼번에 만드는 반찬데이, 밀프렙을 활용한 당일 조리의 효율적 준비 방식
- ☑ 혈당과 과식 방어가 가능한 식전샐러드, 기호에 따라 고를 수 있는 잡곡밥 완벽하게 정리
- ☑ 나에게 필요한 섭취량 계산법, 맞춤 식단 구성법으로 나만의 식단을 구성하는 방법 소개

< 당뇨 잡는 사계절 저당 식단&도시락 >
임재영 지음 / 312쪽

항염 효과가 뛰어난 10가지 채소의
쉽고, 맛있는 쿡언니네 건강 집밥

- ☑ 양배추, 당근, 토마토, 버섯 등 익숙한 채소로 만드는 유튜브 43만 구독자의 건강한 항염 집밥
- ☑ 밥 반찬부터 샐러드, 수프, 한그릇 식사, 일품요리, 간식까지 86가지 맛보장 레시피
- ☑ 콩류, 두부, 달걀, 올리브유, 들기름 등 염증 줄이고 영양 채우는 다양한 부재료 사용
- ☑ 고온에서 굽거나 튀기기 대신 당독소 없는 찌거나 삶거나, 저온에서 굽는 조리법 이용

< 만성염증과 독소 잡는 쿡언니네 채소 항염식 >
이재연 지음 / 232쪽

매일 만들어 먹고 싶은
탄단지
밸런스
건강롤

1판 1쇄 펴낸 날	2025년 4월 21일
편집장	김상애
책임편집	엄지혜
디자인	원유경
사진보정 및 표지 촬영	박형인(studio TOM)
요리 어시스트	배지은
기획 · 마케팅	내도우리
편집주간	박성주
펴낸이	조준일
펴낸곳	(주)레시피팩토리
주소	서울특별시 용산구 한강대로 95 래미안용산더센트럴 A동 509호
대표번호	02-534-7011
팩스	02-6969-5100
홈페이지	www.recipefactory.co.kr
애독자 카페	cafe.naver.com/superecipe
출판신고	2009년 1월 28일 제25100-2009-000038호
제작 · 인쇄	(주)대한프린테크

값 22,000원

ISBN 979-11-92366-50-0

Copyright © 배정은, 2025
이 책의 레시피, 사진 등 모든 저작권은 저자와 (주)레시피팩토리에 있는 저작물이므로
이 책에 실린 글, 레시피, 사진의 무단 전재와 무단 복제를 금합니다.

* 인쇄 및 제본에 이상이 있는 책은 구입하신 서점에서 교환해 드립니다.